CANLLAW I FYFYRWYR

ARGRAFFIAD NEWYDD

Daearyddiaeth UG Uned G1 CBAC Amgylcheddau Ffisegol Newidiol

Viv Pointon

Golygydd y gyfres: David Burtenshaw

Canllaw i Fyfyrwyr Daearyddiaeth UG Uned G1 CBAC Amgylcheddau Ffisegol Newidiol

Addasiad yw'r argraffiad Cymraeg hwn o *Student Unit Guide WJEC AS Geography Unit G1 Changing Physical Environments* a gyhoeddwyd gan Philip Allan Updates, gwasgnod o Hodder Education, cwmni Hachette UK, Market Place, Deddington, Swydd Rydychen OX15 0SE

Cyhoeddwyd gan CAA, Prifysgol Aberystwyth, Plas Gogerddan, Aberystwyth, Ceredigion SY23 3EB
(www.aber.ac.uk/caa)
Noddwyd gan Lywodraeth Cymru
Cyhoeddwyd dan nawdd Cynllun Adnoddau Addysgu a Dysgu CBAC
© Viv Pointon 2012 (Yr argraffiad Saesneg)
© CBAC 2013 (Yr argraffiad Cymraeg hwn ar gyfer CBAC)

ISBN 978-1-84521-513-2

Addasiad Cymraeg: Testun Cyf
Teiposod: Ceri Jones, stiwdio@ceri-talybont.com
Argraffu: Argraffwyr Cambria

Mae'r deunydd hwn wedi'i gymeradwyo gan CBAC ac mae'n cynnig cymorth o ansawdd uchel ar gyfer cyflwyno cymwysterau CBAC. Er bod y deunydd hwn wedi bod trwy broses sicrhau ansawdd CBAC, mae'r holl gyfrifoldeb am y cynnwys yn perthyn i'r cyhoeddwr.

Defnyddir cwestiynau arholiad CBAC gyda chaniatâd CBAC.

Cynnwys

Arweiniad i'r Cynnwys

Cwestiynau ac Atebion

Manteisio'n llawn ar y llyfr hwn

Cyngor yr arholwr

Cyngor gan yr arholwr ar bwyntiau allweddol yn y testun i'ch helpu i ddysgu a chofio cynnwys yr uned, osgoi camgymeriadau, a gwella eich techneg arholiad er mwyn cael gradd uwch.

Gwirio gwybodaeth

Arweiniad i'r Cynnwys yn ymwneud â chwestiynau cyflym i wirio eich dealltwriaeth.

Atebion gwirio gwybodaeth

1 Trowch i gefn y llyfr i gael atebion i'r cwestiynau gwirio gwybodaeth.

Crynodeb

Crynodebau

● Ar ddiwedd pob testun craidd mae rhestr o bwyntiau bwled yn crynhoi'r hyn sydd angen i chi ei wybod.

Cwestiynau ac Atebion

Enghrefftiau o gwestiynau arholiad

Sylwadau'r arholwr ar y cwestiynau
Cyngor ar yr hyn sy'n rhaid i chi ei wneud i gael marciau llawn, wedi'i nodi gan yr eicon *e*.

Enghreifftiau o atebion myfyrwyr
Dylech ymarfer ateb y cwestiynau, wedyn edrychwch ar atebion y myfyrwyr sy'n dilyn pob set o gwestiynau.

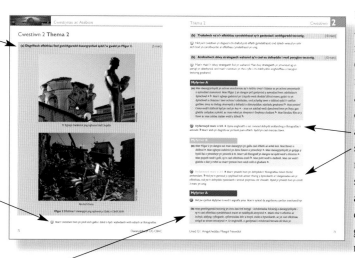

Esboniad yr arholwr o atebion enghreifftiol y myfyrwyr
Gwiriwch faint o farciau a roddir am bob ateb yn yr arholiad ac wedyn darllenwch sylwadau'r arholwr (ar ôl yr eicon *e*) sy'n dilyn ateb pob myfyriwr. Mae'r anodiadau sy'n cyfeirio at bwyntiau yn atebion y myfyrwyr yn dangos yn union sut a ble gallwch ennill neu golli marciau.

Gwybodaeth am y llyfr hwn

Pwrpas y canllaw hwn yw eich helpu i ddeall beth mae'n rhaid i chi ei wneud i lwyddo yn Uned G1: Amgylcheddau Ffisegol Newidiol. Mae'r fanyleb ar gael ar wefan CBAC: **www.cbac.co.uk**.

Mae'r canllaw hwn wedi'i rannu'n ddwy adran. Mae'r adran **Arweiniad i'r Cynnwys** yn cyflwyno'r ddwy thema mae'n rhaid i chi eu hastudio. Mae'n cynnwys sawl diagram a map defnyddiol y gallwch eu defnyddio yn yr arholiad o bosibl. Mae'r adran **Cwestiynau ac Atebion** yn rhoi arweiniad ar sut i gwblhau prawf yr uned ac yn cynnwys enghreifftiau o'r mathau o gwestiynau a fydd yn ymddangos yn yr arholiad.

Mae llawer o acronymau yn ymddangos yn y canllaw hwn. Acronymau Saesneg sy'n cael eu defnyddio yma fel rheol, gan nad oes acronymau Cymraeg cyfatebol ar gyfer pob un. Dyma'r drefn gyffredinol:

- Y tro cyntaf mae acronym Saesneg yn ymddangos, rhoddir (i) y teitl llawn yn Gymraeg, a (ii) yr acronym a'r teitl llawn yn Saesneg mewn cromfachau, e.e. Osgiliad Deheuol El Niño *(ENSO: El Niño Southern Oscillation)*. Ar ôl hynny, defnyddir *ENSO* yn unig.
- Pan mae acronym Cymraeg yn gwbl gyfarwydd, defnyddir yr acronym hwnnw, gyda'r teitl Cymraeg yn llawn mewn cromfachau y tro cyntaf mae'n ymddangos, e.e. CMC (Cynnyrch Mewnwladol Crynswth).

Arweiniad i'r Cynnwys

Thema 1: Ymchwilio i newid hinsawdd

1.1 Beth yw prif hinsoddau'r byd a beth yw eu perthynas â biomau?

Y berthynas rhwng tywydd a hinsawdd

Tywydd yw ein profiad o amodau atmosfferig o ddydd i ddydd – heulwen, glaw, cenllysg/cesair, eira, tymheredd, gwynt a niwl – a **hinsawdd** yw amodau cyfartalog y tywydd mewn ardal dros sawl degawd. Mae Tabl 1 yn dangos data hinsawdd ar gyfer Caerdydd.

Tabl 1 Data hinsawdd ar gyfer Caerdydd, 1971–2000

	Ion	Chwe	Maw	Ebr	Mai	Meh	Gorff	Awst	Medi	Hyd	Tach	Rhag	Cymedr
Tymheredd uchel cymedrig (°C)	7	7	10	13	16	19	20	21	18	14	10	8	13.58
Tymheredd isel cymedrig (°C)	2	2	3	5	8	11	12	13	11	8	5	3	6.92
Dyodiad cymedrig (cm)	10.8	7.2	6.3	6.5	7.6	6.3	8.9	9.7	9.9	10.9	11.6	10.8	8.88

Golwg cyffredinol ar batrymau hinsawdd byd-eang

Mae data hinsawdd yn cael eu crynhoi oddi wrth lawer o orsafoedd tywydd ledled y byd er mwyn creu map o gylchfaoedd hinsawdd byd-eang. Mae natur hinsawdd rhanbarth yn seiliedig ar y tymheredd a'r dyodiad mae'n ei dderbyn.

- Mae **tymheredd** yn dibynnu ar faint o egni solar sy'n cael ei dderbyn, sy'n amrywio yn ôl gofod ac yn ôl tymor. Mae hefyd yn dibynnu ar uchder: mae tymheredd yn gostwng tua 1°C am bob 100 m uwchben lefel y môr.

- Mae **dyodiad** cymedrig yn cael ei reoli gan batrymau cylchrediad atmosfferig byd-eang sy'n creu bandiau llydan o lawiad uchel wrth y cyhydedd ac yn y rhanbarthau tymherus, a glawiad isel yn yr ardaloedd trofannol a'r pegynau.

Mae'r patrymau cyffredinol hyn (Ffigur 1) yn cael eu haddasu gan gylchdro'r Ddaear, sy'n gwyro'r patrymau i'r gorllewin, a hefyd gan leoliad y cyfandiroedd mewn perthynas â'r cefnforoedd.

Cyngor yr arholwr
Peidiwch â chymysgu'r termau 'tywydd' a 'hinsawdd'. Nid ydynt yn golygu'r un peth, felly gwnewch yn siŵr eich bod yn defnyddio'r term cywir.

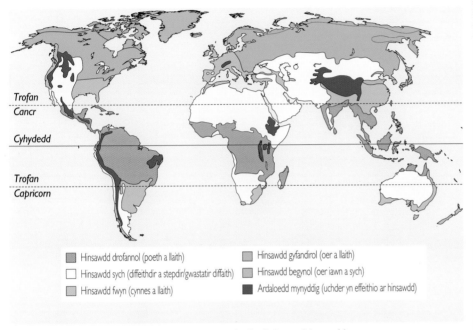

Ffigur 1 Dosbarthiad y byd o fathau o hinsawdd

Mae ardaloedd arfordirol yn cael mwy o law oherwydd bod gwyntoedd llaith iawn yn chwythu o gyfeiriad y môr. Fodd bynnag, mae agosrwydd y môr yn cadw'r tymheredd yn gynhesach yn y gaeaf ac yn oerach yn yr haf. Ar y llaw arall, mae hafau'r mewndiroedd cyfandirol yn llawer cynhesach a'r gaeafau yn llawer oerach. Y rheswm dros hyn yw bod cynhwysedd gwres penodol y cefnforoedd yn uwch o lawer na chynhwysedd y tir – mae'r tir yn cynhesu ac yn oeri yn gyflymach. Enw'r ffenomen hon yw **cyfandiroledd**.

Golwg cyffredinol ar fiomau a'u perthynas â hinsawdd

Bydd y math o lystyfiant sy'n gallu tyfu mewn rhanbarth penodol yn dibynnu ar yr hinsawdd. Mae'r cymunedau o blanhigion sy'n goroesi'n naturiol mewn rhanbarth yn ffurfio ecosystemau mawr o'r enw **biomau**. Ecosystem gylchfaol yw bïom (Ffigur 2). Yr hinsawdd sy'n penderfynu ar ei leoliad, yn benodol y tymheredd cyfartalog a'r dyodiad blynyddol. Er enghraifft, os yw'n boeth (tua 27°C trwy gydol y flwyddyn) ac yn wlyb (o leiaf 2,000 mm o lawiad y flwyddyn), coedwig law drofannol yw'r canlyniad mwyaf tebygol. **Cymuned uchafbwynt hinsoddol** yw'r enw am hyn oherwydd mai'r hinsawdd sy'n gyfrifol amdani. Os yw pobl wedi ymyrryd yn y berthynas hon, bydd cymuned **blagioclimacs** yn cael ei chreu. Mae glaswelltiroedd yn Ewrop yn gymunedau plagioclimacs yn bennaf.

Cyngor yr arholwr
Dylech wybod beth yw patrwm tymheredd a glawiad gwahanol fathau o hinsawdd. Dylech hefyd fod yn gyfarwydd â hinsawdd eich ardal eich hun.

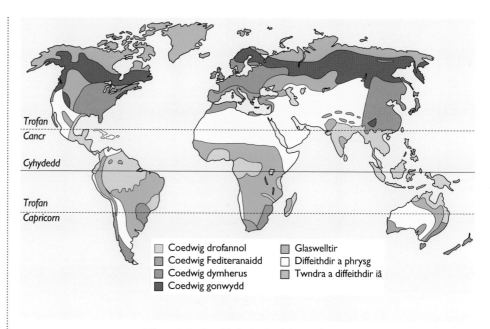

Ffigur 2 Dosbarthiad y byd o fathau o fiomau

Mae ffactorau ffisegol yn cyfyngu ar blanhigion o bob rhywogaeth ac nid ydynt yn gallu goroesi y tu hwnt i derfynau eu goddefiant. Dŵr, golau a thymheredd yw'r ffactorau mwyaf allweddol, ond mae'r maetholion sy'n bresennol yn bwysig hefyd. Felly, mae'r mapiau sy'n dangos dosbarthiad mathau o hinsawdd a dosbarthiad biomau yn debyg iawn, fel mae Ffigur 3 yn ei ddangos.

Cyngor yr arholwr

Dylech allu enwi prif wledydd a rhanbarthau'r byd yn gywir a disgrifio dosbarthiadau yn effeithiol. Er enghraifft, gwahaniaethu rhwng gwahanol wledydd a rhannau o Affrica.

Gwirio gwybodaeth 1

Beth yw bïom?

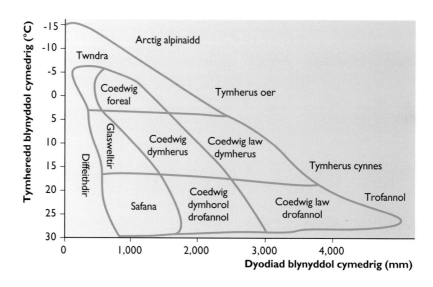

Ffigur 3 Mathau o fiomau'r byd mewn perthynas â thymheredd a dyodiad

1.2 Beth yw patrymau tymhorol newid hinsawdd?

Mae'r hinsawdd yn newid yn naturiol trwy gyfres o gylchredau. Mae cylchredau tymor hir yn achosi oesoedd iâ a chyfnodau rhyngrewlifol pan fydd yr hinsawdd yn gynhesach. Gall cylchredau tymor byr arwain at gyfnodau o hinsawdd gynhesach fel yr un a gafwyd yn yr Oes Efydd tua 4,000 o flynyddoedd yn ôl, neu hinsawdd oerach fel yr **Oes Iâ Fechan** tua 500 mlynedd yn ôl.

Newid hinsawdd tymor byr

Digwyddodd yr Oes Iâ Fechan rhwng y bymthegfed ganrif a'r bedwaredd ganrif ar bymtheg (Ffigur 4). Roedd afon Tafwys yn rhewi'n rheolaidd rhwng 1607 ac 1804, ac roedd pobl yn gallu cynnal ffair ar yr iâ. Mae tystiolaeth o'r cyfnod oerach hwn i'w gweld o gwmpas y byd i gyd. Roedd gaeafau oerach yn Ewrop a Gogledd America, gyda rhewlifoedd yn meddiannu tiroedd a dinistrio anheddiadau yn yr Alpau yng nghanol yr ail ganrif ar bymtheg. Roedd tymheredd cyfartalog yr arwyneb o leiaf 1°C yn is mewn llawer o ranbarthau o gymharu â heddiw.

Cyngor yr arholwr
Edrychwch ar gofnodion hanesyddol yr Oes Iâ Fechan.

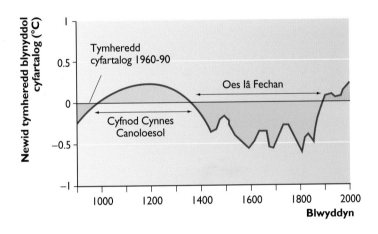

Ffigur 4 Newid hinsawdd tymor byr

Nid ydym yn deall yn llwyr beth sy'n achosi'r fath newid yn yr hinsawdd, ond mae sawl proses newid hinsawdd wedi'i nodi. Nid yw'r prosesau hyn yn gallu egluro'r Oes Iâ Fechan ar eu pen eu hunain, ond bydd cyfuniad ohonynt a ffactorau eraill wedi achosi'r oeri.

- Mae **echdoriadau folcanig** yn gallu effeithio ar yr hinsawdd fyd-eang am flwyddyn neu ddwy trwy anfon llawer o sylffwr deuocsid a llwch i'r stratosffer. Mae hyn yn achosi'r **effaith aerosol** gan adlewyrchu'r pelydriad heulog sy'n dod i gyfeiriad y ddaear, a lleihau'r tymheredd byd-eang 5-10%. Roedd llawer o echdoriadau folcanig yn ystod yr Oes Iâ Fechan.
- Mae **amrywiadau mewn egni solar**, fel y cylchred 11 mlynedd o smotiau haul, yn effeithio ar faint o belydriad heulog sy'n cyrraedd atmosffer y Ddaear. Nodwyd gostyngiad yn nifer y smotiau haul a ddarganfuwyd yn ystod yr Oes Iâ Fechan. Credir bod dwysedd gweithgaredd yr haul wedi gostwng 0.25% – digon i'r tymheredd oeri.

- Byddai **cynnydd yn yr albedo**, neu natur adlewyrchol arwyneb y Ddaear, wedi achosi **adborth positif**. Roedd mwy o eira ac iâ yn ystod yr Oes Iâ Fechan oherwydd y tymheredd is, a byddai'r arwynebau mwy golau wedi adlewyrchu mwy o egni solar na'r arwynebau tywyllach yn llawn o lystyfiant, sy'n amsugno egni. Mae hyn yn cynyddu'r effaith oeri, gan greu'r ddolen adborth.

Digwyddiadau sy'n amharu ar yr hinsawdd yn y tymor byr yw **El Niño** a **La Niña**, ond mae rhai pobl yn credu eu bod yn dod yn fwy cyffredin a dwys oherwydd cynhesu byd-eang. El Niño yw pan mae dŵr wyneb cynnes ar gyhydedd dwyreiniol y Cefnfor Tawel, tra bod La Niña yn cyfeirio at dymheredd is na'r cyfartaledd ar yr arwyneb yn ardal ganolog a dwyreiniol y cyhydedd yn y Cefnfor Tawel. Mae'r digwyddiadau hyn yn effeithio ar yr hinsawdd ledled y byd trwy newid **jetlifau**. Gwyntoedd cyflym sy'n cylchu'r byd ar uchder mawr yw jetlifau. Mae'r cysylltiadau atmosfferig rhwng rhanbarthau sy'n bell oddi wrth ei gilydd yn cael eu disgrifio fel **telegysylltiadau** ac maen nhw'n achosi cyfnodau o dywydd peryglus yn aml fel sychder neu lifogydd (gweler Ffigur 5).

Ffigur 5 Prif effeithiau El Niño, Mehefin i Ragfyr 1997

Mewn **blwyddyn arferol** (Ffigur 6), mae'r gwyntoedd cyson (1) yn chwythu i gyfeiriad y cyhydedd ac at ddŵr cynhesach gorllewin y Cefnfor Tawel (4). Yno, mae'r dŵr yn cynhesu'r aer uwchben gan achosi ymgodiad darfudol (2), gan greu amodau tywydd gwasgedd isel a glawiad (6) dros dde-ddwyrain Asia (2/3). Yn nwyrain y Cefnfor Tawel oddi ar arfordir Periw, mae'r amodau yn sych gan fod yr aer yn dychwelyd ac yn suddo yma, gan greu **cell Walker** (7). O ganlyniad i wasgedd y gwyntoedd cyson, mae lefelau'r môr yn Awstralasia 50 cm yn uwch nag ym Mheriw ac mae tymheredd y môr 8°C yn uwch. Wrth i'r aer symud mae'r gwynt yn gallu codi dŵr ar hyd arfordir dwyreiniol De America. Yma, mae haen uchaf gynnes a bas yn gorchuddio haen oer ddwfn y cefnfor; enw'r ffin rhwng yr haenau hyn yw'r **thermoclein**. Mae hyn yn achosi ymchwydd o ddŵr oer, yn codi maetholion o waelod y cefnfor ac yn creu amodau pysgota delfrydol oddi ar arfordir Periw (5).

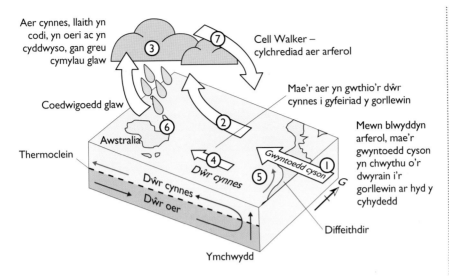

Ffigur 6 Blwyddyn arferol

Yn ystod **blwyddyn El Niño** (Ffigur 7), mae'r gwyntoedd cyson (1) yng ngorllewin y Cefnfor Tawel yn gwanhau, yn gostegu neu hyd yn oed yn chwythu i'r cyfeiriad arall. Mae'r dŵr sydd fel arfer yn cronni yn y gorllewin yn symud yn ôl i gyfeiriad y dwyrain (3), sy'n golygu bod lefel y môr ar arfordir Periw yn codi 30 cm a bod yr amodau'n dawelach ar draws Cefnfor Tawel i gyd. Mae dolen y cylchrediad aer yn gwrthdroi (2) fel bod yr aer yn suddo yng ngorllewin y Cefnfor Tawel, gan greu sychder yng ngwledydd y rhanbarth hwnnw, ac yn codi yn nwyrain y Cefnfor Tawel, gan greu glawiad darfudol (4) sydd weithiau'n arwain at lifogydd yn ardaloedd arfordirol De America. Wrth i leoliad yr aer sy'n codi newid, mae llwybr y jetlifau hefyd yn newid, gan achosi telegysylltiadau ledled y byd a hefyd yn amharu ar batrymau tywydd arferol.

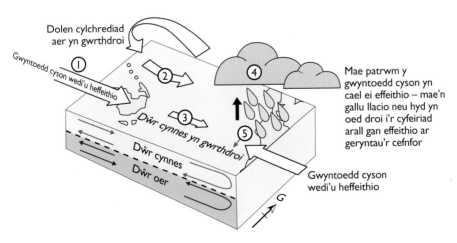

Ffigur 7 Blwyddyn El Niño

Cyngor yr arholwr
Dylech ymarfer lluniadu'r diagramau hyn yn gyflym. Mae'n ffordd ddefnyddiol o gyfleu llawer o wybodaeth yn gyflym yn yr arholiad.

Wrth i ddwyrain y Cefnfor Tawel gynhesu 6–8°C, mae'r Cerrynt Humboldt oer, sydd fel arfer yn llifo i gyfeiriad y gogledd o'r Antarctica, yn cael ei effeithio (5). Mae hyn yn newid yr amodau amgylcheddol mae ecosystem y cefnfor yn dibynnu arnynt: mae ffytoplancton yn methu tyfu, gan leihau nifer y pysgod, ac mae llai o fwyd ar gael ar gyfer adar ar Ynysoedd y Galapagos.

Mae'n bosibl disgrifio **blwyddyn La Niña** (Ffigur 8) fel blwyddyn arferol arwyddocaol gyda chell Walker gryf iawn. Mae gwyntoedd cyson cryf iawn (1) yn gwthio dŵr cynnes tua'r gorllewin (2) ac yn codi lefel y môr hyd at fetr yn uwch yn Indonesia a'r Pilipinas. Mae gwasgedd isel dwfn yn datblygu dros dde-ddwyrain Asia, gan arwain at law trwm oherwydd yr ymgodiad darfudol cryf (3) o foroedd sy'n gynhesach na'r arfer. Ar ochr ddwyreiniol y Cefnfor Tawel, mae dŵr oer yn ymchwyddo'n gryf oddi ar arfordir Periw (4). Mae'r gwasgedd hwn, sy'n uwch na'r cyfartaledd, yn achosi sychder eithafol yn ardaloedd lletgras gogledd Chile a Pheriw.

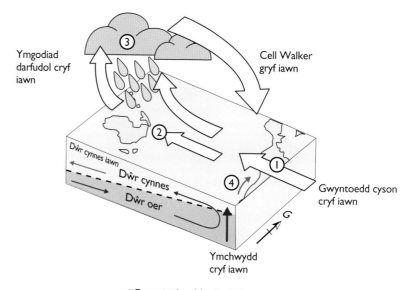

Ffigur 8 Blwyddyn La Niña

Yr enw am y newid yn y gwasgedd atmosfferig rhwng dwyrain y Cefnfor Tawel a'r ardal Indo-Awstralaidd yw **Osgiliad Deheuol** a'r enw am ddilyniant llawn o'r digwyddiadau yw **Osgiliad Deheuol El Niño** (*ENSO: El Niño Southern Oscillation*).

Newid hinsawdd tymor hir

Mae newid hinsawdd tymor hir yn cyfeirio at raddfa amser ddaearegol rhwng degau o filoedd i filiynau o flynyddoedd (Ffigur 9). Credir bod sawl mecanwaith yn dylanwadu ar hinsawdd y Ddaear ar y raddfa hon:

- Mae'r newidiadau yn orbit y Ddaear o amgylch yr haul wedi cael eu cysylltu â newidiadau mwy tymor hir. **Cylchredau Milankovitch** yw'r enw am yr amrywiaethau yng ngogwydd, orbit ac echreiddiad y Ddaear. Mae mwy o ogwydd yn arwain at hinsawdd dymhorol fwy amrywiol. Mae safle'r Ddaear ar ei llwybr eliptigol o amgylch yr haul – blaenoriad y gyhydnos – yn amrywio hefyd. Mae yna newidiadau hefyd i siâp sfferig y Ddaear, a'r enw am hyn yw **echreiddiad**.
- Mae siâp a safle newidiol y cyfandiroedd ar arwyneb y Ddaear yn effeithio ar yr atmosffer oherwydd yr effaith ar **geometreg y cefnforoedd** a phatrymau cylchrediad y cefnforoedd. Mae'r cefnforoedd yn rheoli'r broses o drosglwyddo gwres a lleithder o amgylch y Ddaear, gan ddylanwadu ar hinsawdd hefyd. Mae lleoliad y cylchfaoedd hinsawdd yn newid dros gyfnod o filiynau o flynyddoedd. Pan ffurfiwyd sarn gyswllt (*land bridge*) Panamá 5 miliwn o flynyddoedd yn ôl, torrwyd ar y llif rhwng Cefnfor Iwerydd a'r Cefnfor Tawel, gan arwain o bosibl at yr oesoedd iâ.

Cyngor yr arholwr
Ymchwiliwch ar-lein i ddiagramau sy'n dangos y mecanweithiau sy'n dylanwadu ar hinsawdd y Ddaear. Bydd hyn yn eich helpu i ddeall cysyniadau.

- Mae cylchrediad y cefnforoedd wedi newid mewn ymateb i siâp newidiol y cyfandiroedd. Mae ceryntau dwfn y cefnforoedd yn gyrru'r **cylchrediad thermohalinaidd** sy'n llifo rhwng y cefnforoedd. Mae hyn yn gweithredu fel cludfelt, gan drosglwyddo egni gwres o'r trofannau i'r pegynau. Gan fod perthynas gymhleth rhwng y cefnforoedd a'r atmosffer, mae newidiadau yng nghylchrediad y cefnforoedd yn cael dylanwad sylweddol ar yr hinsawdd. Mae'n bosibl bod newid ym mhatrymau'r tywydd wedi effeithio ar **system gludo'r cefnforoedd-atmosffer**, gan wanhau Llif y Gwlff neu'r **Drifft Gogledd Iwerydd** sydd fel arfer yn dod â cherrynt cefnforol trofannol cynnes i ogledd-orllewin Ewrop.

- Gwelwyd bod gweithgaredd folcanig mawr, fel echdoriad **gorlif basalt** a arweiniodd at greu rhanbarth Deccan yn India, wedi achosi oeri byd-eang. Mae'n bosibl bod hyn hefyd yn gysylltiedig ag effaith asteroidau mawr fel Chicxulub ar orynys Yucatán ym México tua'r un amser. Awgrymwyd bod y ddau yn gyfrifol am y difodiant (*extinction*) mawr a ddigwyddodd 65 miliwn o flynyddoedd yn ôl.

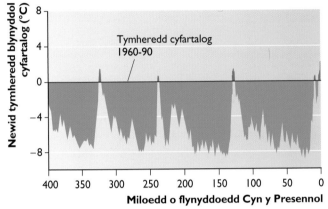

Ffigur 9 Newid hinsawdd tymor hir

Ar hyn o bryd mae hinsawdd y Ddaear mewn cyfnod rhyngrewlifol ac mae rhai arbenigwyr yn credu bod oes iâ arall yn mynd i ddigwydd. Mae'n bosibl bod cynhesu byd-eang yn atal yr oes iâ hon. Daeth i'r amlwg tua diwedd yr ugeinfed ganrif fod y blaned yn cynhesu. Cododd y tymheredd cymedrig byd-eang tua 1°C yn ystod yr ugeinfed ganrif (Ffigur 10). Mae'r graff yn dangos amrywioldeb o ddegawd i ddegawd, ond mae'n amlwg bod y duedd yn codi. Cofnodwyd y tywydd cynhesaf erioed yn ystod chwech o ddeng mlynedd gyntaf yr unfed ganrif ar hugain. Er bod y tymheredd heb godi i'r un graddau yn y degawd olaf, dyma'r hinsawdd gynhesaf ers dechrau cadw cofnodion dibynadwy. *ENSO* sy'n gyfrifol am amrywiadau o flwyddyn i flwyddyn; er enghraifft, roedd effaith La Niña yn gryf yn 2008.

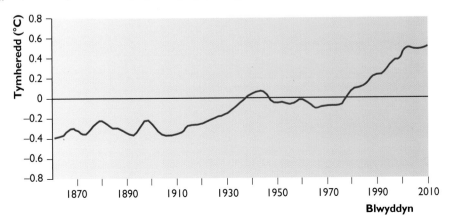

Ffigur 10 Amrywiad cyfartalog tymheredd arwyneb y Ddaear o gymharu â'r tymheredd cymedrig, 1860-2010

1.3 Beth yw achosion newid hinsawdd?

Y dystiolaeth dros newid hinsawdd

Mae **colofnau iâ** a gafodd eu tyllu o lenni iâ yn Grønland ac yn Antarctica yn cynnwys swigod sydd wedi cadw aer dros gannoedd o filoedd o flynyddoedd. Mae gwyddonwyr hinsawdd wedi defnyddio'r colofnau hyn i ddadansoddi cyfansoddiad blaenorol yr atmosffer a chadw cofnodion manwl o lefelau carbon deuocsid (CO_2) yn y gorffennol. Mae'r dadansoddiad hwn yn dangos bod cydberthynas gadarnhaol rhwng newid tymheredd a lefelau carbon deuocsid yn yr atmosffer.

Ers 1957, mae **Arsyllfa Mauna Loa** yn Hawaii wedi casglu cofnodion o **garbon deuocsid**. Nid yw'r aer yn yr ardal hon yn cael ei effeithio gan lygredd trefol-diwydiannol, ac mae'n lle da i ddadansoddi'r atmosffer. Mae'r cofnodion yn dangos bod lefelau carbon deuocsid yn codi ac yn gostwng yn ôl patrwm tymhorol – oherwydd cynnydd yn y defnydd o danwydd ffosil yn y gaeaf yn hemisffer y gogledd – ond mae'r duedd gyffredinol yn dangos cynnydd ac ar raddfa sy'n cynyddu.

Mae **dyddodion rhewlifol** yn gofnod naturiol o batrymau estyn ac encilio'r llenni iâ wrth i'r tymheredd godi neu ddisgyn. Mae'n bosibl dyddio deunydd marian a rhewglai (*glacial till*) i ddangos maint rhewlifoedd er mwyn ail-greu cronoleg tymheredd newidiol.

Mae'n bosibl **dadansoddi paill** yng ngwaddodion llynnoedd i ddysgu am hinsawdd y gorffennol. Gan fod planhigion yn sensitif i'w hamgylchedd, dim ond rhai cymunedau o blanhigion sy'n goroesi mewn hinsoddau penodol. Trwy nodi mathau allweddol o baill, mae'n bosibl darganfod sut oedd hinsawdd ardaloedd penodol yn y gorffennol.

Mae **rhywogaethau o bryfed** yn sensitif i newidiadau bach yn amodau'r hinsawdd. Mae gweddillion chwilod (**Coleoptera**) mewn llynnoedd neu waddodion tir yn dangos pa fath o hinsawdd oedd yn bodoli pan gawsant eu claddu. Gellir nodi rhywogaethau allweddol a'u cymharu â'r rhai sy'n byw heddiw er mwyn penderfynu ar yr amodau amgylcheddol lle maen nhw'n ffynnu orau.

Dendrocronoleg yw'r astudiaeth o flwyddgylchau. Y goeden fyw hynaf yn y byd yw'r binwydden wrychog ym mynyddoedd uchel Sierra Nevada yng ngorllewin UDA; yn ôl y cofnodion, mae rhai ohonynt bron yn 4,600 o flynyddoedd oed. Trwy gymharu blwyddgylchau ffosiliau coed â choed byw, llwyddwyd i gadw cofnod di-dor o'r hinsawdd dros yr 8,000 o flynyddoedd diwethaf.

Mae'r dull **dyddio radiometrig (radiocarbon)** yn mesur oedran isotopau penodol yn seiliedig ar eu cyfradd dadfeilio. Mae hanner bywyd carbon-14 tua 5,700 o flynyddoedd. Mae'n bosibl defnyddio'r dull dyddio radiometrig i ddarganfod oedran ffosiliau, ac mae'r mathau o ffosiliau – deunydd planhigion a chramenogion yn bennaf – yn dangos yr hinsawdd oedd yn bodoli ar y pryd.

Mae samplau craidd o **ddyddodion gwely'r môr** yn dangos sut roedd ymateb cymunedau anifeiliaid a phlanhigion morol i newid hinsawdd yn amrywio. Mae isotopau ocsigen o'r gwaddodion yn dangos amrywiad hefyd. Mae ocsigen-16 ysgafnach yn cael ei anweddu a'i waddodi'n haws nag ocsigen-18 trymach, felly bydd lefelau uwch ohono mewn llenni iâ a rhewlifoedd yn ystod cyfnodau oerach. Bydd hyn wedi gadael lefelau uwch o ocsigen-18 yng ngwaddodion y cefnfor.

Cyngor yr arholwr

Mae atebion arholiad da yn cynnwys amrywiaeth o syniadau. Lluniadwch ddiagram pry cop er mwyn eich helpu i ddysgu am yr amrywiaeth o dystiolaeth sydd ar gael ar gyfer newid hinsawdd.

Mae **cofnodion hanesyddol** yn cofnodi amodau'r tywydd. Er nad yw'r cofnodion eu hunain yn ddibynadwy, mae disgrifiadau o gwymp eira a chyrsiau dŵr wedi rhewi neu dywydd poeth iawn a sychder yn helpu'r gwaith o lunio cronoleg fanwl. Mae cofnodion o lwyddiant cnydau a'u prisiau yn dangos pa mor dda oedd y tywydd mewn blwyddyn benodol. Mae adroddiadau dyddiol manwl am y tywydd wedi'u cadw ers 1873 ond mae data wedi'u casglu ers yr ail ganrif ar bymtheg.

Y prosesau atmosfferig sy'n arwain at newid hinsawdd

Mae gwahaniaeth pwysig rhwng **effaith tŷ gwydr** a **chynhesu byd-eang**. Fel rhan o'r effaith tŷ gwydr, mae'r atmosffer isaf yn cynhesu wrth i nwyon tŷ gwydr amsugno'r ymbelydredd tonfedd hir (*long-wave radiation*) sy'n cael ei ryddhau o arwyneb y Ddaear. Mae hyn yn cadw tymheredd cyfartalog arwyneb y ddaear yn uwch nag y byddai fel arall. Mae'r tymheredd cyfartalog ar y lleuad, lle nad oes atmosffer, yn $-18°C$ ond yn $+15°C$ ar y Ddaear.

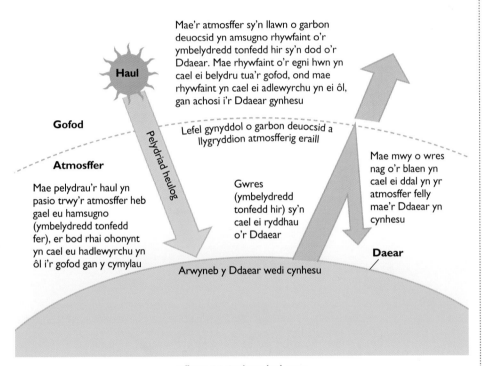

Ffigur 11 Cynhesu byd-eang

Cynhesu byd-eang (Ffigur 11) yw'r '**effaith tŷ gwydr gynyddol**', h.y. effaith lefelau cynyddol o nwyon tŷ gwydr yn atmosffer y Ddaear. Y nwyon tŷ gwydr hyn yw anwedd dŵr, carbon deuocsid, methan, ocsidau nitrogen, oson troposfferig lefel isel ac CFCau. Yr uchaf yw lefelau'r nwyon hyn, y mwyaf bydd yr atmosffer yn cynhesu. Mae rhai nwyon yn creu effaith tŷ gwydr gryfach na'r lleill. Mae'r effaith tŷ gwydr gynyddol yn digwydd wrth i lefelau nwyon tŷ gwydr gynyddu (Ffigur 12).

Cyngor yr arholwr
Mae'r gwahaniaeth rhwng yr effaith tŷ gwydr a chynhesu byd-eang yn hollbwysig i unrhyw ateb yn ymwneud â'r drafodaeth bresennol ar newid hinsawdd. Dylech geisio dangos eich bod yn deall y gwahaniaeth.

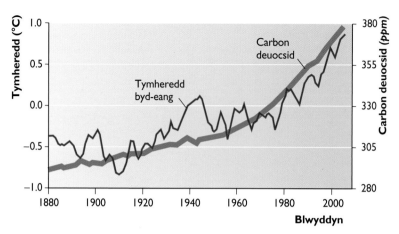

Ffigur 12 Tymheredd byd-eang a charbon deuocsid

Ffynonellau nwyon tŷ gwydr

Mae **anwedd dŵr** yn un o'r nwyon tŷ gwydr. Mae lefelau anweddiad wedi codi o ffynonellau dŵr gwneud fel cronfeydd dŵr a sianeli dyfrhau, ac mae allyriadau o stêm wedi cynyddu o dyrau oeri gorsafoedd trydan a systemau aerdymheru.

Credir bod **carbon deuocsid** (CO_2) yn gyfrifol am 55–60% o gynhesu byd-eang a hefyd am asidio'r cefnforoedd. Cyn y Chwyldro Diwydiannol, roedd 270 *ppm* (rhannau pob miliwn (*parts per million*)) o garbon deuocsid yn yr atmosffer. Roedd y lefel hon wedi cyrraedd 392 *ppm* erbyn Ionawr 2012 ac mae'n parhau i godi'n gyflym. Y lefelau presennol o garbon deuocsid a methan yw'r uchaf ers 800,000 o flynyddoedd. Hylosgi tanwyddau ffosil, datgoedwigo a llygredd morol, sy'n lladd ffytoplancton (plancton planhigion sy'n gallu creu'r broses ffotosynthesis), sy'n gyfrifol am y cynnydd mewn carbon deuocsid. Mae Ffigur 13 yn dangos sut mae allyriadau carbon deuocsid yn amrywio ledled y byd.

Cyngor yr arholwr

Mae'r wefan **http://co2now.org/** yn darparu'r wybodaeth ddiweddaraf am y nwy tŷ gwydr hwn a'i effeithiau. Dylech wneud yn siŵr eich bod yn gwybod y wybodaeth ddiweddaraf am newid hinsawdd.

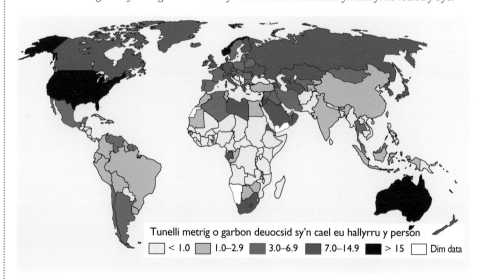

Ffigur 13 Allyriadau carbon deuocsid y person yn 2000

Mae **methan** (CH_4) yn chwarae rhan bwysig o ran cyfrannu at gynhesu byd-eang oherwydd ei fod 25 gwaith yn gryfach na charbon deuocsid. Yn 1750 roedd tua 700 *ppb* (rhannau pob biliwn (*parts per* *billion*)) o fethan yn yr atmosffer. Yn 2010 roedd wedi codi i 1,850 *ppb*. Yn y gorffennol, mae lefelau methan wedi amrywio rhwng 300 a 400 *ppb* yn ystod y cyfnodau rhewlifol a rhwng 600 a 700 *ppb* yn ystod y cyfnodau rhyngrewlifol. Mae allyriadau methan wedi cynyddu wrth i ffermio da byw a chynhyrchu reis gael eu hymestyn i gwrdd ag anghenion poblogaeth y byd sy'n tyfu. Yn ogystal, mae'r nwy yn gollwng o feysydd a lein bibellau nwy naturiol, pyllau glo a safleoedd tirlenwi/claddu sbwriel (bacteria anaerobig sy'n achosi hyn).

Mae **ocsidau nitrogen** (NO_X) yn gyfrifol am tua 6% o gynhesu byd-eang ac mae eu lefelau yn yr atmosffer wedi codi o 275 *ppb* yn y cyfnod cyn-ddiwydianol (tua 1750) i tua 315 *ppb* heddiw. Er bod eu lefelau yn yr atmosffer yn is o lawer na lefelau carbon deuocsid, mae ocsidau nitrogen yn nwyon tŷ gwydr mwy effeithiol gyda photensial cynhesu byd-eang o 296 dros gyfnod o 100 mlynedd. Mae hyn yn golygu bod rhyddhau 1 kg o nitrogen ocsid i'r atmosffer yn cael effaith cynhesu byd-eang sy'n gyfwerth â 296 kg o garbon deuocsid dros 100 mlynedd. Mae ocsidau nitrogen yn cael eu hallyrru gan gerbydau modur a gorsafoedd trydan. Ffynhonnell bwysig arall yw cynhyrchu a defnyddio gwrteithiau nitrad, yn enwedig os yw priddoedd yn llawn dŵr.

Mae **oson** yn y stratosffer wedi lleihau yn sgil rhyddhau CFCau. Mae hyn yn beryglus oherwydd bod oson yn chwarae rhan allweddol o ran amddiffyn bywyd ar y Ddaear trwy amsugno'r ymbelydredd uwchfioled (*UV*) mwyaf niweidiol. Fodd bynnag, mae CFCau ac oson sy'n cael ei greu yn y troposffer gan weithgarwch dynol hefyd yn nwyon tŷ gwydr. Mae oson lefel isel yn cael ei greu pan fydd golau haul yn achosi adwaith ffotocemegol gydag ocsidau nitrogen a hydrocarbonau o allyriadau cerbydau.

Mae **clorofflwrocarbonau** (CFCau) wedi'u defnyddio mewn chwistrelli aerosol, diffoddwyr tân, rhewyddion, systemau aerdymheru, hydoddyddion a mathau o blastig ehangedig (polystyren). Er bod y defnydd ohonynt yn cael ei ddileu'n raddol yn dilyn Protocol Montréal yn 1987, mae ganddyn nhw ddisgwyliad oes o 100 mlynedd a mwy ac felly maen nhw'n parhau i fodoli yn yr amgylchedd. Maen nhw'n gweithredu fel nwyon tŷ gwydr yn y troposffer a maen nhw'n dinistrio oson yn y stratosffer.

Mae Tabl 2 yn crynhoi'r nwyon tŷ gwydr a'u gallu i effeithio ar gynhesu byd-eang.

Tabl 2 Nwyon tŷ gwydr

Nwy tŷ gwydr	Lefel atmosfferig (*ppm*)	Potensial cynhesu byd-eang*	Cyfanswm yr effaith bosibl
Carbon deuocsid	392	1	392.0
Methan	1.85	25	46.3
Ocsidau nitrogen	0.315	296	93.2
Oson	0.04	2,000	80.0
CFCau	0.0004	14,100	5.6

* Mae potensial cynhesu byd-eang yn amcangyfrif cyfraniad pob nwy at gynhesu byd-eang dros gyfnod penodol (100 mlynedd yn yr achos hwn). Mae màs pob nwy tŷ gwydr yn cael ei gymharu â'r un màs o garbon deuocsid, sydd â photensial cynhesu byd-eang sy'n gyfwerth ag 1.

Y dystiolaeth dros gynhesu byd-eang

Y dystiolaeth gryfaf dros gynhesu byd-eang yw'r ffaith fod y tymheredd byd-eang cymedrig yn codi. Mae rhai pobl yn dadlau bod y cynnydd yn fach – 1°C mewn 100 mlynedd – a bod hinsawdd y Ddaear

Gwirio gwybodaeth 4

Beth yw'r prif nwyon tŷ gwydr a beth yw tueddiadau eu lefelau dros y blynyddoedd diwethaf?

Gwirio gwybodaeth 5

Nodwch y gwahaniaethau rhwng achosion tymor hir ac achosion tymor byr newid hinsawdd.

wedi amrywio erioed. Mae'n ymddangos bod y cynnydd wedi arafu yn negawd cyntaf yr unfed ganrif ar hugain, gan awgrymu bod y cynnydd yn ddim mwy na chylch arall yn hytrach na thuedd. Mae'r tymheredd yn yr atmosffer uchaf yn oeri, ond mae'n bosibl bod hyn yn gysylltiedig â'r ffaith fod yr atmosffer isaf yn cynhesu.

Efallai nad yw **enciliad y llenni iâ a'r rhewlifoedd**, a **chynnydd yn lefelau'r môr**, yn ddim mwy nag adwaith cwbl naturiol i dymheredd newidiol. Gallai'r tueddiadau hyn newid yn hawdd pe bai'r hinsawdd yn oeri eto. Fodd bynnag, mae'r rhan fwyaf o rewlifoedd a llenni iâ yn y byd wedi crebachu dros y 30 mlynedd diwethaf ac mae lefelau'r môr yn codi.

Ar ôl yr Oes Iâ Fechan, enciliodd rhewlifoedd tan tua 1940 wrth i'r hinsawdd gynhesu. Arafodd yr enciliad rhewlifol wedyn, gan hyd yn oed ymestyn mewn rhai lleoedd rhwng 1950 ac 1980 yn sgil ychydig o oeri byd-eang. Fodd bynnag, ers 1980 mae enciliad rhewlifol wedi bod yn digwydd yn gyflymach. Bron yn ddieithriad, mae holl rewlifoedd y byd yn crebachu; ers 1960 maen nhw wedi colli tua 8,000 km^3 o iâ. Yn ystod 5 mlynedd gyntaf yr unfed ganrif ar hugain, nodwyd bod bron pob rhewlif yn yr Alpau yn encilio yn gyflymach nag yn y degawdau blaenorol.

Dros y 125 mlynedd diwethaf, mae Rhewlif Athabasca yn y Rockies yng Nghanada wedi colli hanner ei gyfaint ac wedi encilio dros 1.5 km. Mae pob un o'r 47 rhewlif sy'n cael ei fonitro yng Nghadwyn Cascade yng ngorllewin Gogledd America yn encilio ac mae pump wedi diflannu'n gyfan gwbl. Mae'r un patrwm i'w weld ledled y byd – yn Ne America, Seland Newydd a'r Himalaya. Mae rhewlifoedd yn ardal Mynydd Everest yn yr Himalaya yn encilio'n gyflym. Mae Rhewlif Rongbuk, sy'n draenio ochr ogleddol Mynydd Everest i Tibet, wedi bod yn encilio 20 m y flwyddyn, ac yn ardal Khumbu yn Nepal roedd yr enciliad yn 28 m y flwyddyn ar gyfartaledd. Ychydig iawn o iâ sydd ar ôl ar Fynydd Kilimanjaro, y mynydd uchaf ar gyfandir Affrica. Mae Ffigur 14 yn dangos yr iâ rhewlifol sydd wedi diflannu ers 1980.

Gwirio gwybodaeth 6
Gwnewch grynodeb o'r wybodaeth yn Ffigur 14.

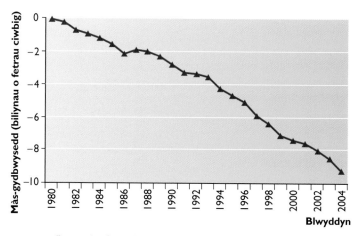

Ffigur 14 Màs-gydbwysedd rhewlifoedd cronnus byd-eang

Mae rhewlif mwyaf Ffrainc, y **Mer de Glace**, yn sefyll yn nyffryn Chamonix ar lethrau gogleddol massif Mont Blanc. Roedd y rhewlif yn disgyn i bentrefan Les Bois yn y ddeunawfed ganrif a'r bedwaredd ganrif ar bymtheg. Mae sianel y rhewlif yn 11 km o hyd a 400 m o led ond mae wedi colli 8.3% o'i hyd (tua 1 km) a 27% o'i led (150 m) dros y 130 mlynedd diwethaf. Mae'r rhewlif yn symud tua 90 m i lawr y llethr bob blwyddyn, neu tua 1 cm yr awr. Mae'n tarddu o uchder o 2,400 m. Roedd dau rewlif, du Géant a de Lechaud, a'r Cascade du Talèfre arfer bwydo'r cydlifiad, ond dim ond y Glacier du Géant sy'n llifo iddo erbyn hyn (Ffigur 15). Mae llynnoedd dŵr tawdd rhewlifol wedi ffurfio wrth droed Mer de Glace, ac wedi'u dal y tu ôl i argaeau marian. Pe bai'r argaeau hyn yn torri, gallai'r dyffryn islaw foddi.

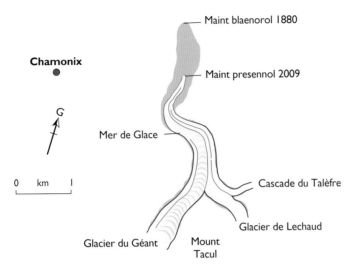

Ffigur 15 Maint y Mer de Glace ger Chamonix, Ffrainc

Mae rhewlifoedd y mynyddoedd a'r dyffrynnoedd yn ffurfio canran fechan o'r holl iâ ar y Ddaear. Mae'r rhan fwyaf i'w ddarganfod yn llenni iâ'r Antarctica a Grønland, sydd hyd at 3 km neu fwy o ddyfnder, sy'n bwydo llawer o rewlifoedd allfa sy'n cludo iâ i'r cefnforoedd cyfagos. Mae'r rhewlifoedd allfa hyn yn encilio ac yn dadsefydlogi'r llenni iâ. Mae tri rhewlif o'r fath – Helheim, Jakobshavns a Kangerdlugssuaq – yn draenio bron un rhan o bump o **len iâ Grønland**. Mae tu blaen y rhewlifoedd hyn yn **ymrannu** (**calving front** yw'r term Saesneg am hyn), sy'n golygu bod eu blaenau'n estyn allan i'r môr ac yn torri i ffurfio mynyddoedd iâ.

- Mae lluniau lloeren a ffotograffau o'r awyr wedi'u defnyddio i astudio sut mae Rhewlif Helheim yn symud. Mae'r lluniau'n dangos bod y rhewlif yn sefydlog yng nghanol yr ugeinfed ganrif. Fodd bynnag, dechreuodd encilio'n gyflym ar ddechrau'r unfed ganrif ar hugain. Enciliodd 7.2 km mewn dim ond 4 blynedd ar raddfa gynyddol o 20 i 32 m bob dydd.
- Mae'n debyg bod rhewlif Jakobshavns yng ngorllewin Grønland yn symud yn gyflymach nag unrhyw rewlif arall yn y byd. Mae'n symud dros 24 m bob dydd ac mae ganddo bwynt terfyn arnawf 12 km o hyd a oedd yn sefydlog am lawer o flynyddoedd. Fodd bynnag, dechreuodd encilio yn gyflym yn 2002. Dechreuodd blaen yr iâ dorri i fyny a chwalodd y pwynt terfyn wrth iddo gyflymu i dros 30 m bob dydd.

Mae'r ffaith fod y rhewlifoedd hyn yn ymdoddi'n gyflym yn arwydd clir o newid hinsawdd. Y cynnydd yn nhymheredd y môr sy'n gyfrifol am y broses hon gan fod y symud amlycaf i'w weld yn nhu blaen y rhewlifoedd, sy'n effeithio ar y llen iâ sy'n eu bwydo.

Mae **lefel môr cymedrig** yn mesur uchder cyfartalog arwyneb y cefnfor; mae'n cael ei ddefnyddio i fesur codiad tir. Gall newid yn lefel y môr ddigwydd oherwydd newid gwirioneddol yn lefel y môr neu oherwydd newid yn uchder tir. Mae newid yn lefel môr mewn perthynas â'r tir yn cael ei ddisgrifio fel **newid ewstatig**, tra bod newid yn uchder y tir yn **newid isostatig**. Cafodd yr ardaloedd a

Cyngor yr arholwr

Mae Rhaglen Amgylchedd y Cenhedloedd Unedig *(UNEP: United Nations Environment Programme)* yn cyhoeddi data ar enciliad rhewlifol fesul rhanbarth: **www.grid.unep.ch/ glaciers/**. Dylech ddod o hyd i rai ffigurau cyfoes er mwyn creu argraff ar yr arholwr.

Gwirio gwybodaeth 7

Nodwch y gwahaniaeth rhwng newid ewstatig a newid isostatig.

orchuddiwyd gan lenni iâ yn ystod yr oes iâ ddiwethaf eu cywasgu gan bwysau'r iâ ac maen nhw'n parhau i godi neu gilio yn dilyn enciliad yr iâ. Ym Mhrydain, mae lefel môr cymedrig yn cael ei mesur gan fedryddion llanw er mwyn dangos metrau sero ar fapiau Ordnans. Yn ôl mesuriadau a gofnodwyd gan 23 safle llanw sefydlog ledled y byd, cododd lefelau môr cymedrig 20 cm yn ystod yr ugeinfed ganrif. Ers 1992 mae altimedrau lloeren wedi mesur lefel y môr yn fwy cywir. Ehangiad thermol dŵr cefnforol a llenni iâ a rhewlifoedd yn ymdoddi ar y tir sy'n gyfrifol am y cynnydd ewstatig yn lefel y môr. Nid yw iâ môr sy'n ymdoddi yn ychwanegu at y codiad yn lefel y môr; er enghraifft, mae mynyddoedd iâ yn disodli saith rhan o wyth o'u harwynebedd yn y dŵr ac mae dŵr yn cyfangu (*contract*) wrth newid o gyflwr rhewedig i gyflwr hylifol.

Mae pridd sydd wedi'i rewi o dan lawer o'r Arctig a'r is-Arctig. Tra bod yr haen ddyfnach o rew parhaol yn aros wedi'i rhewi, mae'r haen uchaf yn dadmer ac yn rhewi yn ôl newid tymheredd y tymhorau. Wrth i'r hinsawdd gynhesu, mae'r **haen o rew parhaol yn ymdoddi** ar lefel ddyfnach. Mae hyn wedi arwain at ddifrod i adeiladau a ffyrdd, llynnoedd yn crebachu wrth i'r dŵr drylifo i ddyfrhaenau islaw, glannau afonydd yn erydu'n gyflym wrth i fwy o waddodion gael eu trosglwyddo, a rhai elfennau o fywyd gwyllt yn diflannu, gan gynnwys pysgod. Mae'n bosibl y bydd diflaniad y llynnoedd yn effeithio ar y tywydd lleol hefyd oherwydd bydd llai o ddŵr yn anweddu i ffurfio cymylau a glaw.

Mae'n ymddangos bod **digwyddiadau tywydd eithafol** ar gynnydd a bod hyn yn gysylltiedig â chynhesu byd-eang. Wrth i'r tymheredd aer godi, mae tymheredd y cefnfor yn gwneud yr un peth. Mae stormydd yn cael eu hegni o wres y cefnforoedd, a gall hyn arwain at gorwyntoedd cryfach a mwy rheolaidd. Mae achosion o sychder hirach a mwy difrifol hefyd wedi cynyddu, gan effeithio ar filiynau o bobl yn Sbaen, Awstralia a dwyrain Affrica.

Mae'r **ffiniau rhwng y biomau yn symud**. Mae coedwigoedd pyrwydd yn yr Yukon yng ngogledd Canada yn cymryd lle hen dirweddau twndra ac yn gorfodi rhywogaethau sy'n byw yno i adael; er enghraifft, mae niferoedd y caribŵ wedi disgyn ledled de-orllewin Yukon. Mae gwyddonwyr wedi darganfod bod y coedlin yn symud yn uwch i'r mynyddoedd i gyfeiriad y gogledd yn gynt na'r disgwyl. Symudodd gryn dipyn yn hanner olaf yr ugeinfed ganrif wrth i'r dwysedd coed gynyddu hyd at 65% ar lethrau oerach sy'n wynebu'r gogledd, a symudodd cymaint ag 85 m yn uwch ar lethrau cynnes sy'n wynebu'r de. Mae newidiadau yn y llystyfiant yn newid yr albedo gan fod coed conwydd yn amsugno mwy o olau haul na'r twndra. Mae'r egni hwn wedyn yn cael ei ryddhau i'r atmosffer eto fel gwres, gan greu mecanwaith adborth positif sy'n ychwanegu at gynhesu byd-eang.

Swyddogaeth gymharol ffactorau amgylcheddol a dynol yn y newid hinsawdd diweddar

Erbyn hyn mae mwy o wyddonwyr yn cytuno mai gweithgareddau pobl sy'n achosi cynhesu byd-eang, ond nid yw gwyddoniaeth hinsawdd yn cyflwyno gwybodaeth sy'n gwbl sicr. Mae llawer o ddata yn cael eu casglu a'u cyfrif ac mae modelau manwl yn cael eu datblygu er mwyn ceisio gwneud yn siŵr bod y canlyniadau a arsylwyd yn cyfateb i'r rhai a ragfynegwyd. Fodd bynnag, mae'r system gefnfor-atmosffer yn gymhleth iawn ac mae gan wyddonwyr lawer i'w ddysgu am ei mecanweithiau.

Gwirio gwybodaeth 8

Beth yw'r gwahaniaeth rhwng grymoedd naturiol a grymoedd dynol (anthropogenig)?

Mae hinsoddegwyr wedi ceisio gwahanu achosion naturiol o newid hinsawdd oddi wrth achosion dynol neu anthropogenig (hynny yw, yn cael eu creu gan bobl). Nid yw **grymoedd naturiol** yn llwyr egluro'r cynnydd graddol yn y tymheredd byd-eang sydd wedi digwydd yn y 50 mlynedd diwethaf, tra bod graffiau o'r tymheredd a ragfynegwyd ar sail **grymoedd dynol (anthropogenig)** yn cyfateb yn well. Trwy gyfuno'r ddau mae'r tymheredd a ragfynegwyd a'r tymheredd a arsylwyd yn debyg iawn. Mae hyn yn arwain at dystiolaeth gref mai pobl sy'n achosi cynhesu byd-eang (Ffigur 16c).

Yn ôl **'rhagdybiaeth Ruddiman'**, mae pobl wedi bod yn newid yr hinsawdd ers tua 8,000 o flynyddoedd trwy ddatblygu dulliau ffermio dwys. Mae'n honni bod y cynnydd mewn allyriadau carbon deuocsid a methan yn sgil gweithgareddau ffermwyr cynnar wedi oedi dyfodiad yr oes iâ nesaf. Yn ôl Ruddiman, roedd plâu cyfnodol yn lleihau'r boblogaeth ddynol ac yn arwain at ailgoedwigo naturiol, ac roedd y digwyddiadau hyn yn cyfateb i'r gostyngiad mewn nwyon tŷ gwydr.

Ar y llaw arall, mae gwyddonwyr sy'n astudio effeithiau pelydriad heulog ar dymheredd yr Arctig wedi darganfod bod cydberthyniad llawer agosach rhwng tymheredd ac **arbelydriad heulog** (faint o egni electromagnetig sy'n cael ei dderbyn ar arwyneb fesul uned amser fesul uned arwynebedd) na rhwng tymheredd a charbon deuocsid. Fodd bynnag, ychydig iawn o orsafoedd cofnodi tymheredd sydd yn ardal yr Arctig, ac mae data ar gyfer cynhesu hinsawdd byd-eang yn seiliedig ar ddata cyfartalog o lawer mwy o orsafoedd ledled y byd.

Mae damcaniaeth arall yn awgrymu y bydd systemau hunanreoleiddio planedol y Ddaear yn ymateb i'r sefyllfa. Yn ôl **egwyddor Gaia**, a awgrymwyd gan James Lovelock, mae elfennau ffisegol y Ddaear yn creu system gymhleth lle mae'r atmosffer, y cefnforoedd, y biosffer a'r lithosffer yn rhyngweithio â'i gilydd. Awgrymodd fod **adborth negatif** yn cynnal cyflwr sefydlog o fewn y sfferau hyn, gan atal newidiadau mawr mewn tymheredd, er enghraifft. Mae rhai pobl sy'n amau newid hinsawdd yn awgrymu bod y Ddaear yn gallu ymdopi ag unrhyw lygredd sy'n cael ei greu gan bobl, ond mae Lovelock yn llawer mwy pesimistaidd. Mae'n credu bod difrod i'r biosffer a'r cynnydd mewn allyriadau nwyon tŷ gwydr yn herio systemau hunanreoleiddio'r Ddaear, yn cynyddu'r posibilrwydd o **adborth positif** ac yn arwain at golli rheolaeth ar gynhesu byd-eang.

Er bod pobl sy'n amau newid hinsawdd yn tynnu sylw at gamgymeriadau a chamfarnau ym maes gwyddoniaeth hinsawdd, mae'r mwyafrif llethol o wyddonwyr yn cytuno bod posibilrwydd o 90% mai pobl sydd wedi dylanwadu ar newid hinsawdd yn y 50 mlynedd diwethaf.

1.4 Beth yw'r materion sy'n deillio o newid hinsawdd?

Dyma'r ffeithiau allweddol am newid hinsawdd:
- Cododd y tymheredd arwyneb byd-eang cyfartalog 0.6°C yn ystod yr ugeinfed ganrif.

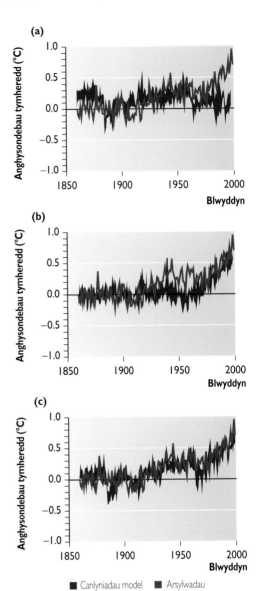

Ffigur 16 Cymariaethau rhwng cynnydd posibl yn y tymheredd a'r cynnydd a arsylwyd, 1860–2000: (a) grymoedd naturiol yn unig, (b) grymoedd dynol (anthropogenig) yn unig, (c) grymoedd naturiol a grymoedd dynol (anthropogenig)

- Nid ffactorau naturiol yn unig sy'n gyfrifol am gynhesu byd-eang. Er mwyn egluro'r cynnydd yn y tymheredd, mae angen cynnwys allyriadau nwyon tŷ gwydr gweithgareddau pobl.
- Yn ôl y modelau hinsawdd presennol, bydd y tymheredd byd-eang yn codi eto rhwng 1.4°C a 5.8°C erbyn diwedd yr unfed ganrif ar hugain.
- Gall y codiad yn lefel y môr a arsylwyd yn ystod yr ugeinfed ganrif fod yn gysylltiedig â'r cynnydd a welwyd yn y tymheredd cymedrig byd-eang.
- Rhagwelir y bydd y lefelau môr cymedrig yn codi rhwng 79 cm ac 88 cm erbyn 2100.

Er gwaethaf polisïau i leihau cyfanswm yr allyriadau nwyon tŷ gwydr, mae disgwyl i'r tymheredd barhau i godi. Bydd hyn yn arwain at ganlyniadau pellgyrhaeddol ar gyfer yr amgylchedd, yr economi a'r gymdeithas fyd-eang. Bydd newid hinsawdd yn effeithio ar ffordd o fyw miliynau o bobl oherwydd ei effaith ar y cyflenwad dŵr, cynhyrchu bwyd, iechyd ac eiddo.

Hinsoddau yn newid, cylchfaoedd hinsoddol yn symud a'r effaith ar fiomau

Wrth i'r **cylchfaoedd hinsoddol symud**, bydd hyn yn effeithio ar hydroleg, ecosystemau a gweithgareddau economaidd. Ar laswelltir tymherus stepdiroedd/gwastatiroedd diffaith gogledd Asia a pheithiau Gogledd America bydd yr hafau'n sychach a'r gaeafau'n oerach. Y rhanbarthau hyn yw 'basgedi bara' y byd – y prif ardaloedd tyfu grawn – felly bydd newid hinsawdd yn lleihau cnydau grawn, cynhyrchiant bwyd ac incwm ffermwyr. Mae'n bosibl y bydd yn lleihau cynhyrchiant bwyd y byd gan arwain at brinder bwyd a newyn. Fodd bynnag, efallai y bydd diffeithdiro graddol yn y Sahel yn arafu wrth i'r gylchfa law symud i'r gogledd.

Mae **effeithiau ecolegol** y newid diweddar yn yr hinsawdd i'w gweld fwyfwy mewn biomau o bob math. Mae planhigion ac anifeiliaid yn ymateb i newidiadau mewn tymheredd aer, lleithder pridd a halwynedd dŵr. Mae angen amodau amgylcheddol penodol ar bob rhywogaeth, felly er mwyn goroesi mae'n rhaid iddynt addasu neu fudo wrth i'r hinsawdd newid. O ganlyniad, mae planhigion, anifeiliaid a phryfed yn meddiannu ardaloedd newydd ac yn cymysgu â rhywogaethau nad oedd yn perthyn i'w cynefin o'r blaen. Mae hyn yn effeithio ar eu hamgylchedd, yn cael effaith gynyddol ar yr holl ecosystem ac weithiau'n achosi difodiant rhywogaethau wrth i strwythur yr ecosystem newid.

Mae dau fath o effaith ecolegol wedi'u nodi yn UDA: **gwasgariad rhywogaethau** yn symud (y lleoliadau lle gallant oroesi ac atgenhedlu) a **ffenoleg** yn newid (amseriad gweithgareddau biolegol sy'n digwydd yn dymhorol). Mae tua 40% o'r planhigion a'r anifeiliaid gwyllt a astudiwyd yn adleoli er mwyn gallu byw mewn hinsawdd sy'n debyg i'r un maen nhw wedi arfer â hi. Mae'r rhai sy'n symud yn rhy araf, neu sy'n gweld eu cynefin yn mynd yn llai, yn annhebygol o oroesi. Wrth i iâ môr yr Arctig grebachu, mae cynefinoedd yr arth wen a'r morlo yn diflannu. Mae newid hinsawdd yn newid amseriad y tymhorau: mae rhywogaethau yn ymateb i'r gwanwyn 2 i 3 wythnos yn gynt na rhai degawdau yn ôl. Mae adar mudol yn cyrraedd yn gynt, mae glöynnod byw yn dod allan yn gynt ac mae planhigion yn tyfu'n gynt.

Mae **dosbarthiadau glöynnod byw** yn symud i'r gogledd yn Ewrop hefyd. Rydym yn gwybod bod dros 60 rhywogaeth o löynnod byw sy'n bwydo ar amrywiaeth eang o blanhigion wedi symud tua'r gogledd yn Ewrop ac mae rhywogaethau eraill wedi symud ymhellach i fyny'r mynyddoedd. Er enghraifft, mae'r *Polygonia comma* yn symud tua'r gogledd yn y DU ar gyfradd o 10 km y flwyddyn. Mae'r gwyfyn yn rhywogaeth ddangosol dda oherwydd ei fod yn sensitif i newidiadau amgylcheddol. Mae gwyfynod yn symud tua'r gogledd ac mae rhywogaethau newydd yn cyrraedd o dir mawr Ewrop, ar ôl mudo dros 150 km tua'r gogledd dros y 30 mlynedd diwethaf.

Cyngor yr arholwr

Dylech wneud yn siŵr eich bod yn deall effeithiau newid hinsawdd ar un grŵp o bobl neu un rhanbarth penodol. Byddwch yn gwella eich ateb yn yr arholiad trwy nodi enghreifftiau o bobl a lleoedd sy'n cael eu heffeithio gan newid hinsawdd.

Bydd **plâu a chlefydau** fel malaria hefyd yn symud y tu hwnt i'w lleoliadau arferol wrth i amgylcheddau newid, gan effeithio ar fwy o bobl a busnesau amaethyddol. Malaria yw un o'r clefydau marwol mwyaf cyffredin yn yr hinsoddau trofannol ac istrofannol. Mae plant yn arbennig o agored i'r clefyd ac mae'n rhwystr mawr i ddatblygiad economaidd. Mae malaria wedi'i ddileu yn Awstralia ond fe allai ddychwelyd i Queensland os yw'r tueddiadau presennol yn parhau.

Gallai'r hinsawdd gynhesach newid lleoliad y **twndra** a'r **coedlin gogleddol**, gan newid ffordd o fyw'r bobl sy'n byw yn y rhanbarthau hyn. Mae cysylltiad pobloedd brodorol Alaska â'r tir wedi parhau ers cannoedd o genedlaethau, a byddai torri'r cysylltiad yn niweidiol i'w diwylliant a'u ffordd o fyw. Mae **rhew parhaol sy'n ymdoddi** yn effeithio ar y cynefinoedd, y bywyd gwyllt a'r bobl sy'n dibynnu ar y tir am eu bywoliaeth. Mae'n achosi ymsuddiant ac yn difrodi aneddiadau, trafnidiaeth a lein bibellau olew yn Alaska a Siberia.

Mae rhew parhaol sy'n ymdoddi ar hyd glannau afonydd, fel afon Yukon a'i llednentydd yn Alaska, yn cynyddu **erydiad**. Mae pentrefi ar lannau'r afonydd mewn perygl gan nad yw'r rhew parhaol yn gallu cadw'r glannau mewn cyflwr cadarn. Mae deunydd gwaddodol yn cael ei ryddhau i'r dŵr, sy'n gwneud yr afonydd yn fwy bas ac yn effeithio ar boblogaethau anifeiliaid a phobl, gan gynnwys eog/samwn sy'n mudo i fyny'r afon i silio.

Mae deunydd organig a nwyon wedi cael eu dal yn y rhew parhaol mewn priddoedd sydd wedi'u rhewi ers miloedd o flynyddoedd. Wrth i'r rhew parhaol ymdoddi gall y broses o gynhesu byd-eang gyflymu trwy **ryddhau methan a charbon deuocsid** i'r atmosffer. Mae hyn yn creu dolen adborth positif arall gan fod y broses o gynhesu byd-eang yn cyflymu. Mae'r rhan fwyaf o'r rhew parhaol sy'n rhyddhau methan i'w ddarganfod yng ngogledd a dwyrain Siberia. Mae'n bosibl bod 100 gwaith mwy o garbon wedi'i ddal yma na chyfanswm y carbon sy'n cael ei ryddhau i'r awyr bob blwyddyn trwy losgi tanwydd ffosil, ac mae'n dianc o'r rhew parhaol sy'n ymdoddi yn gynt o lawer na'r disgwyl. Mae methan hefyd yn cael ei storio yng ngwely'r môr fel nwy methan neu hydradau methan ac yn cael ei ryddhau wedyn wrth i rew parhaol o dan y môr ddadmer. Mae llawer iawn o fethan wedi'i rewi ar lawr y Cefnfor Arctig. Mae arwyddion bod y storfeydd hyn yn ansefydlog a bod llawer o'r nwy tŷ gwydr hwn yn cael ei ryddhau i'r atmosffer.

Gwirio gwybodaeth 9

Beth yw ystyr adborth positif ac adborth negatif?

Lefelau cynyddol o dywydd eithafol a'r effeithiau ar weithgareddau dynol

Rhagwelir y bydd tywydd eithafol yn dod yn fwy cyffredin wrth i'r broses newid hinsawdd gyflymu oherwydd cynhesu byd-eang parhaus. Mae rhai gwyddonwyr hinsawdd yn credu bod hyn yn digwydd yn barod ac y bydd newid hinsawdd yn digwydd yn gynt ac ar raddfa fwy na'r disgwyl. Mewn gwirionedd, gwelir digwyddiadau eithafol pan fydd amrywiadau naturiol yn y tywydd a'r hinsawdd yn cyfuno â newid hinsawdd tymor hir. Nid yw'n bosibl cysylltu unrhyw ddigwyddiad eithafol penodol â chynhesu byd-eang, ond gall newid hinsawdd gynyddu'r tebygolrwydd y bydd digwyddiadau tywydd yn mynd yn fwy eithafol.

Gall rhagor o sychder a llifogydd beryglu bywydau pobl. Bydd rhai rhannau o'r byd yn cael mwy o law, ond mae'n bosibl y bydd eraill, yn enwedig diffeithdiroedd presennol, yn cael llai o law nag arfer oherwydd newidiadau yn y gylchred hydrolegol a'r ffaith fod patrymau tywydd yn dwysáu (Ffigur 17).

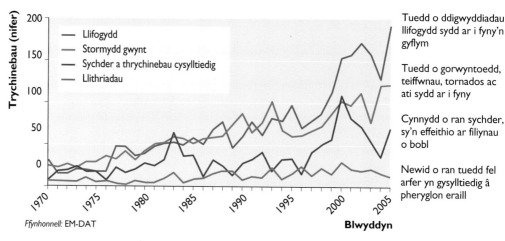

Ffynhonnell: EM-DAT

Blwyddyn

Ffigur 17 Trychinebau hydro-meteorolegol, 1970–2010

Tuedd o ddigwyddiadau llifogydd sydd ar i fyny'n gyflym

Tuedd o gorwyntoedd, teiffwnau, tornados ac ati sydd ar i fyny

Cynnydd o ran sychder, sy'n effeithio ar filiynau o bobl

Newid o ran tuedd fel arfer yn gysylltiedig â pheryglon eraill

Cyngor yr arholwr

Ymchwiliwch i'r sychder yn Somalia a Kenya yn 2011. Beth oedd yr achosion meteorolegol a beth oedd y ffactorau dynol cysylltiedig? Cofiwch gynnwys gwybodaeth gyfoes wrth ateb cwestiwn arholiad.

Mae nifer y rhanbarthau sy'n cael eu heffeithio gan **sychder** wedi cynyddu oherwydd bod dyodiad wedi lleihau ychydig tra bod anweddiad wedi cynyddu o ganlyniad i amodau cynhesach. Roedd sychder difrifol yn y basn Murray-Darling yn Awstralia yn ystod degawd cyntaf yr unfed ganrif ar hugain, a bydd angen sawl blwyddyn o lawiad uwch na'r cyfartaledd er mwyn adfer y sefyllfa. Cyfunodd nifer o ffactorau i wneud y sychder yn beryglus: llai o lawiad, tymheredd uwch a chynnydd yn y boblogaeth. Mae'r gwlyptiroedd yn cael eu diraddio'n ddifrifol, gyda 50–80% ohonynt wedi eu difrodi neu eu dinistrio'n llwyr. Disgynnodd cynnyrch amaethyddol dros 60%.

Mewn rhai ardaloedd, bydd y gostyngiad mewn glawiad yn effeithio ar ffynonellau dŵr yfed a dyfrhau cnydau. Gallai 3 biliwn o bobl ychwanegol ddioddef rhagor o straen dŵr erbyn 2080; bydd yr effaith waethaf i'w gweld yng Ngogledd Affrica, y Dwyrain Canol ac isgyfandir India. Mae'n bosibl y bydd colli coedwigoedd glaw trofannol yng ngogledd Brasil a chanol deheubarth Affrica - oherwydd glawiad is a thymheredd uwch - yn lleihau effeithiolrwydd y **suddfan carbon** pwysig hwn, gan ychwanegu eto at lefelau carbon deuocsid yn yr atmosffer.

Rhagwelir y bydd mwy o **donnau gwres** yn y dyfodol. Mae cyfnodau o donnau gwres wedi cynyddu ers 1950 ac mae nifer y nosweithiau cynnes a gofnodwyd wedi cynyddu. Roedd 40,000 o farwolaethau ychwanegol yng ngorllewin Ewrop oherwydd ton wres Awst 2003. Mae cyfuniad o dywydd poeth iawn a chyfnodau sych hir iawn yn gallu achosi rhagor o danau difrifol mewn coedwigoedd. Cofnodwyd rhai o'r amodau tywydd gwaethaf ar gyfer tanau gwyllt yn Victoria, Awstralia ym mis Chwefror 2009. Cafodd sawl storm dân ei chreu gan dymheredd o 43–48°C a chyflymder gwynt o dros 100 kph yn ystod tywydd poeth difrifol, yn enwedig i'r gogledd-ddwyrain o Melbourne lle bu farw 120 o bobl mewn un storm dân.

Mae'r achlysuron pan gafwyd **dyodiad dyddiol trwm** gan achosi fflachlifoedd wedi cynyddu wrth i dymheredd uwch gynyddu anweddiad a ffurfiant cymylau. Y gwledydd tlotaf yw'r rhai mwyaf agored i niwed yn sgil effeithiau newid hinsawdd: mae'n debyg bod 80 miliwn o bobl mewn perygl o ddioddef **llifogydd**, yn enwedig y rhai sy'n byw yn ne a de-ddwyrain Asia (fel llifogydd 2011 yng Ngwlad Thai). Mae glawiad trwm yn y DU – a wnaeth arwain at lifogydd difrifol yn Tewkesbury, Hull a Sheffield yn 2007 a Cockermouth yn 2009 – hefyd wedi'i gysylltu â chynhesu byd-eang, ond mae'n bosibl bod y cynnydd mewn digwyddiadau o'r fath oherwydd camreoli sianeli dŵr a mwy o waith adeiladu ar orlifdiroedd.

Osgiliad Gogledd Iwerydd (OGI) yw'r enw ar y newid yng ngwasgedd atmosfferig ar lefel y môr yng Ngogledd Cefnfor Iwerydd, rhwng gwasgedd isel Gwlad yr Iâ a gwasgedd uchel Açores (Azores). Mae'r osgiliad dwyreiniol-gorllewinol hwn yn rheoli cryfder a chyfeiriad gwyntoedd y gorllewin a llwybrau stormydd ar draws Gogledd Iwerydd. Rhagwelir y bydd hyn yn lleihau wrth i'r Arctig gynhesu, gan arwain at lai o stormydd yn y lledredau canol.

Nid oes unrhyw dystiolaeth glir yn dangos tuedd tymor hir o achosion o **stormydd trofannol** er gwaethaf sawl corwynt difrifol yn y Caribî a seiclonau ym Mae Bengal yn ddiweddar. Fodd bynnag, mae yna gysylltiad rhwng tymheredd arwyneb y môr a dwyster y stormydd, sydd o bosibl yn gysylltiedig â digwyddiadau **El Niño** a'u telegysylltiadau. Mae digwyddiadau El Niño yn cynyddu gweithgarwch seiclonau trofannol o gwmpas y Cefnfor Tawel ac yn lleihau gweithgarwch o'r fath yng Nghefnfor Iwerydd, tra bod digwyddiadau **La Niña** yn arwain at amodau cyferbyniol. Mae newid yn yr hinsawdd wedi'i gysylltu â chynnydd yn amlder a dwyster digwyddiadau El Niño, gan gynyddu'r posibilrwydd o ddigwyddiadau tywydd eithafol.

Mae difrod economaidd o ganlyniad i ddigwyddiadau tywydd eithafol wedi cynyddu'n sylweddol dros y degawdau diwethaf. Mae hyn wedi digwydd yn rhannol oherwydd twf poblogaeth a'r ffaith fod mwy o gyfoeth byd-eang yn cael ei ddal mewn eiddo ac felly'n cynyddu costau digwyddiadau tywydd eithafol. Fodd bynnag, yn ôl cymhariaeth cwmni yswiriant Munich Re o golledion y 1960au a'r 1990au, un o'r prif resymau dros y cynnydd yn y colledion oedd bod amlder digwyddiadau tywydd eithafol yn newid.

Rhewlifoedd yn ymdoddi, lefelau'r môr yn codi a'u heffaith ar bobl

Mae **enciliad rhewlifoedd** yn effeithio ar y dŵr croyw sydd ar gael ar gyfer dyfrhau a defnydd domestig, gweithgareddau mynydd fel sgïo, yr anifeiliaid a'r planhigion sy'n dibynnu ar rewlifoedd yn ymdoddi, a lefel y cefnforoedd yn y tymor hirach.

Mae rhewlifoedd yn gweithredu fel storfeydd dŵr i gynnal llif afonydd. Amcangyfrifir bod 1.5 i 2 biliwn o bobl yn Asia, Ewrop a Gogledd a De America yn dibynnu ar ddŵr tawdd rhewlifol i gyflenwi eu dalgylchoedd. Bydd cynnydd mewn abladiad (rhewlifoedd yn ymdoddi) yn cynyddu dŵr ffo afonydd yn y lle cyntaf, ond bydd gostyngiad sylweddol wedyn. Bydd y gostyngiad mewn dŵr ffo yn effeithio ar y gallu i ddyfrhau cnydau ac yn lleihau'r llifoedd afonydd sydd eu hangen i ail-lenwi argaeau a chronfeydd dŵr ar gyfer defnydd domestig a diwydiannol.

Mae newidiadau i lefel y môr yn effeithio ar bob proses arfordirol. Yn y gorffennol, yn sgil newid ewstatig, crëwyd riau (dyffrynnoedd afonydd boddedig) a ffiordau. Mae disgwyl i lefelau'r môr godi oherwydd ehangiad thermol y dŵr wrth i'w dymheredd godi ac wrth i rewlifoedd a llenni iâ ymdoddi ar y tir (nid iâ môr gan fod cyfaint iâ a hylif yr un fath yn y cefnfor). Bydd **effeithiau arfordirol** pwysig yn dilyn, gan gynnwys erydu arfordirol, llifogydd a'r posibilrwydd o golli gwlyptiroedd arfordirol a'r fflora a'r ffawna cysylltiedig, yn enwedig adar hirgoes a rhywogaethau o bysgod dŵr bas. Bydd dŵr heli hefyd yn llygru'r cyflenwadau dŵr daear wrth drylifo trwy greigiau athraidd ar hyd y morlin, fel sydd wedi digwydd yn ardal Perth yng Ngorllewin Awstralia. Os yw lefelau'r môr yn parhau i godi

Chwiliwch am enghreifftiau o effaith rhewlifoedd yn ymdoddi a'r cynnydd yn lefel y môr yng nghyhoeddiad yr *IPCC Sea Level Rise and Ice Sheet Instabilities* (2010), sydd ar gael ar eu gwefan. Yn ogystal â chyfeirio at yr effaith ar dir isel, bydd rhaid i chi awgrymu ble a pha mor ddifrifol fydd yr effaith er mwyn cael marciau llawn.

(Ffigur 18), gallai deltâu mawr ddiflannu a bydd ardaloedd arfordirol isel yn yr Iseldiroedd a'r DU (fel y Fens a'r Dungeness) yn cael eu herydu'n ddifrifol; mae eiddo gwerthfawr a datblygiadau diwydiannol a masnachol pwysig yn wynebu perygl difrifol o lifogydd. Yr ardaloedd sydd fwyaf agored i niwed oherwydd codiad yn lefel y môr yw'r lleoedd isel a phoblog iawn fel Bangladesh a lleoedd sy'n ecolegol sensitif fel y riffiau cwrel yn Tuvalu ac Aitutaki.

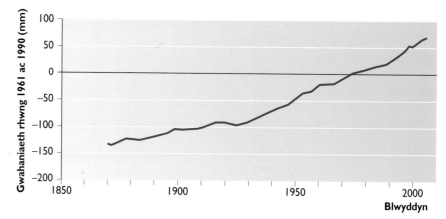

Ffigur 18 Lefel cyfartalog y môr yn fyd-eang, 1870–2005

Mae'r Maldives yn gyfres o atolau cwrel yng Nghefnfor India sy'n codi hyd at 1.8 m uwchlaw lefel y môr. Os yw lefel y môr yn codi dros 1 m erbyn 2100, yn unol â'r rhagolygon, bydd rhaid i 385,000 o bobl adael yr ynysoedd. Ym mis Mai 2007, o'r 194 o ynysoedd lle yr oedd pobl yn byw, yn sgil y llanw uchel tymhorol a'r gwyntoedd cryf bu llifogydd ar 55 ynys, gan ddifrodi cartrefi, cnydau a'r isadeiledd. Mae'r brifddinas, Male, wedi'i hamgylchynu gan fur 3 m o uchder sy'n amddiffyn yn erbyn ymchwydd y llanw bob pythefnos ond nid yn erbyn cynnydd yn lefel y môr.

Ynys Lohachara yn y Sundarbans yn India oedd y lle cyntaf lle yr oedd pobl yn byw i gael ei adael i'r môr. Mae'r Sundarbans yn un o'r **coedwigoedd mangrof** mwyaf yn y byd, wedi'i lleoli ar ddelta'r afonydd Ganga (Ganges), Brahmaputra a Meghna ym Mae Bengal. Yma, mae lefel y môr wedi codi dros 3 cm y flwyddyn dros yr 20 mlynedd diwethaf a byddai cynnydd o 1 m yn lefel y môr yn gorlifo dros arwynebedd o 1,000 km². Mae pedair ynys wedi'u colli i'r môr hyd yn hyn, gan wneud 6,000 o deuluoedd yn ddigartref. Mae'r gyfres gyfan o ynysoedd yn wynebu proses gyflym o erydu arfordirol, llifogydd a haleneiddio dŵr yfed. Erbyn 2020, mae erydiad tir a chynnydd yn lefel y môr yn bygwth dadleoli dros 30,000 o bobl. Mae gan yr ardal fywyd morol amrywiol, a byddai unrhyw niwed i'r bywyd hwnnw yn cael effaith ddifrifol ar y gadwyn fwyd a'r diwydiant pysgota. Oherwydd bioamrywiaeth eithriadol yr ardal, sy'n cynnwys 260 o rywogaethau gwahanol o adar a theigr Bengal, fe'i enwyd yn Safle Treftadaeth y Byd. Y goedwig yw **suddfan carbon** mwyaf De Asia, ac mae'n amsugno carbon deuocsid ac yn helpu i wrthsefyll cynhesu byd-eang.

Amrywiadau'r effeithiau hyn mewn gwahanol ranbarthau

Mae gwres y cyhydedd yn cael ei symud tuag at y pegynau gan gelloedd cylchrediad aer enfawr a **cheryntau'r cefnforoedd**, sy'n cael eu rheoli gan dymheredd a halwynedd. Mae iâ sy'n ymdoddi yn lleihau halwynedd y cefnfor, a gall newid patrwm ceryntau'r cefnfor o ganlyniad. Mae'r Drifft

Gogledd Iwerydd yn cludo dŵr cynhesach o Lif Gwlff y Caribî, gan greu hinsawdd yng ngogledd-orllewin Ewrop sydd tua 8°C yn gynhesach na'r gwerth cymedrig yn y lledred hwn. Gall y system hon fod yn arbennig o sensitif i newid hinsawdd ac mae eisoes yn dangos rhai arwyddion o leihau. Gall newid sylweddol yn nhymheredd a lleoliad ceryntau cefnforol gael effaith fawr ar y systemau tywydd a hinsawdd. Mae'r rhagolygon mwyaf eithafol yn rhagweld newid cyflym yng nghludfelt y cefnfor sy'n cylchredeg dŵr o gwmpas y byd.

Mae riffiau cwrel yn rhwystro symudiadau'r tonnau trwy ddileu'r rhan fwyaf o'r egni cyn i'r tonnau gyrraedd y traeth, ond mae newid hinsawdd yn fygythiad mawr iddynt. Mae cwrelau trofannol yn tyfu mewn dŵr ar dymheredd o 20°C i 30°C, ac ar ddyfnder hyd at 40 m. Mae'n ecosystem fregus iawn, ac mae'r cynnydd yn lefel a **thymheredd y môr** yn bygwth eu bodolaeth, gan achosi cannu (bleaching) a marwolaeth. Mae'n bosibl y bydd lefel y môr yn codi'n gynt na chyfradd twf y cwrelau hefyd, gan eu rhoi ar lefel is na'u dyfnder dewisol.

Mae **asidio'r cefnfor** yn achosi niwed difrifol i organebau morol fel cwrelau, cimychiaid a draenogod môr (sea urchins). Er bod hyn yn rheoli cynnydd carbon deuocsid yn yr atmosffer, pan fydd carbon deuocsid yn hydoddi yn nŵr y môr, mae'n creu asid carbonig ac yn asidio'r cefnfor. Ni all organebau sefydlog fel y cwrel oroesi; mae cannu eisoes yn effeithio ar gwrel ecosystemau riff bregus. Mae rhywogaethau eraill yn mudo; er enghraifft, mae draenogiaid y môr (sea bass), sy'n rhywogaeth Fediteranaidd, nawr i'w gweld o gwmpas arfordiroedd Prydain.

Effeithiau posibl ar y DU

Cyflwynodd Adran yr Amgylchedd, Bwyd a Materion Gwledig (Defra) ragolygon newydd ar gyfer newid hinsawdd ym mis Ebrill 2002 yn seiliedig ar gynnydd yn y tymheredd rhwng 2°C a 3.5°C erbyn y 2080au. Mae disgwyl y bydd de a dwyrain y DU yn cynhesu mwy na'r gogledd a'r gorllewin ac y bydd mwy o hafau poeth a llai o aeafau oer. Credir hefyd y bydd llai o eira a mwy o law yn y gaeaf ac y bydd yr hafau'n sychach. Mae'n bosibl y bydd y de-ddwyrain yn arbennig yn cael hyd at 50% yn llai o law yn yr haf.

Mae llawer o gartrefi a busnesau, ynghyd â chynefinoedd arfordirol ar gyfer adar a mathau eraill o fywyd gwyllt, nawr yn cael eu bygwth gan lifogydd ac erydiad oherwydd cynnydd yn lefel y môr a stormydd cryfach. Mae disgwyl i lefel y môr godi 26–86 cm yn uwch na'r lefel bresennol yn ne-ddwyrain Lloegr erbyn y 2080au. Mae perygl cynyddol o ymchwydd storm niweidiol fel yr un yn 1953 a arweiniodd at lifogydd yn Canvey Island ac a roddodd rannau helaeth o ganol Llundain mewn perygl. Mae'n bosibl y bydd lefelau dŵr uchel iawn rhwng 10 ac 20 gwaith yn fwy cyffredin erbyn y 2080au.

Mae effeithiau'r tywydd ar ansawdd bywyd pobl, yr economi a'r amgylchedd naturiol hefyd yn cynnwys:
● glawiad trymach sy'n rhoi mwy o bwysau ar systemau draenio
● sychder yn yr haf sy'n achosi lefelau isel i afonydd, prinder dŵr a'r perygl o ymsuddiant
● tywydd poeth iawn gyda pheryglon iechyd, yn enwedig i bobl hŷn

Mae'r rhan fwyaf o fanteision newid hinsawdd yn ymwneud â ffermio, amaethyddiaeth a chynaeafu oherwydd hinsawdd gynhesach. Mae cnydau grawn yn dechrau tyfu pan fydd y tymheredd yn uwch na 6°C, felly mae tymor tyfu'r DU yn ymestyn. Mae cynnyrch pren wedi cynyddu wrth i'r coedlin symud o gyfuchlin 500 m i 550 m. Mae'r cyfnod tyfu ar gyfer rhywogaethau masnachol o goed pinwydd a phyrwydd tua 10 mlynedd yn llai. Mae bron 400 o winllannau masnachol ar draws 1,324 hectar o dir

Gwirio gwybodaeth 11
Beth yw suddfan carbon?

Cyngor yr arholwr
Gallwch ddysgu am asidio'r cefnfor trwy ddefnyddio'r IPCC Workshop on Impacts of Ocean Acidification on Marine Biology and Ecosystems (2011). Defnyddiwch y cyhoeddiadau diweddaraf i gael y wybodaeth fwyaf newydd.

yn ne Lloegr a Chymru yn elwa ar dymheredd cynhesach a llai o rew. Mae'r manteision posibl eraill yn cynnwys y gallu i gynhyrchu mwy o fwyd ac amrywiaeth ehangach o fwyd yn y DU, a fydd efallai'n lleihau dibyniaeth ar fwydydd sy'n cael eu mewnforio, ehangu twristiaeth mewn rhai ardaloedd a lleihau costau gwresogi, ond efallai y bydd angen mwy o aerdymheru yn yr haf.

Effeithiau newid hinsawdd ar gymdeithas

Wrth i natur ac amlder achosion o dywydd eithafol newid, bydd hyn yn cael effaith ar gymdeithas. Mae datblygiad economaidd, addysg, gofal iechyd ac isadeiledd iechyd y cyhoedd yn ffactorau pwysig ar gyfer galluogi cymdeithasau i addasu i newid hinsawdd ac ar gyfer amddiffyn pobl yn erbyn clefydau a niwed sy'n dod yn ei sgil. Mae'n bosibl y bydd difrod economaidd, aflonyddwch cymdeithasol a cholli bywydau ar raddfa sylweddol. Gall newid hinsawdd olygu bod anfanteision a manteision y tywydd yn cael eu hailddosbarthu o gwmpas y byd.

Cyflenwad bwyd

Bydd newid hinsawdd yn effeithio ar amaethyddiaeth a chynhyrchiant bwyd ledled y byd oherwydd:
- effeithiau mwy o garbon deuocsid yn yr atmosffer, sy'n arwain at fwy o ffotosynthesis
- tymheredd uwch
- newidiadau ym mhatrwm dyodiad a thrydarthiad
- mwy o ddigwyddiadau eithafol
- lledaenu plâu a chlefydau

Mae disgwyl y bydd cynnyrch cnydau grawn yn gostwng yn sylweddol yn Affrica, y Dwyrain Canol ac India, tra bydd cynnyrch yn cynyddu mewn ardaloedd ar ledredau uwch.

Iechyd

Mae wedi dod i'r amlwg bod newid hinsawdd wedi newid dosbarthiad tymhorol rhai rhywogaethau o baill alergenig a dosbarthiad rhai fectorau o glefydau heintus. Mae wedi cynyddu nifer y marwolaethau sy'n gysylltiedig â thywydd poeth iawn hefyd. Awgrymir bod y canlynol yn bosibl:
- rhagor o ddiffyg maeth
- rhagor o farwolaethau, clefydau ac anafiadau oherwydd digwyddiadau tywydd eithafol
- rhagor o achosion o glefydau dolur rhydd
- rhagor o achosion o glefydau cardio-resbiradol
- dosbarthiad gofodol rhai clefydau heintus yn newid

Mae'n bosibl y bydd 290 miliwn o bobl ychwanegol yn dod i gysylltiad â malaria erbyn y 2080au, ac mae'r perygl yn debygol o gynyddu fwyaf yn China a chanolbarth Asia. Fodd bynnag, gall newid hinsawdd ddod â rhai manteision mewn ardaloedd tymherus, fel llai o farwolaethau oherwydd oerfel.

Adnoddau dŵr

Mae'n debyg y bydd effeithiau negyddol newid hinsawdd ar adnoddau dŵr a systemau dŵr croyw yn llawer mwy na'r manteision. Mae ardaloedd cras a lletgras yn arbennig o agored i'r effeithiau hyn oherwydd bydd y cyflenwad dŵr yn lleihau mewn ardaloedd fel basn Môr y Canoldir, gorllewin UDA, deheubarth Affrica a gogledd-ddwyrain Brasil. Bydd hyn yn effeithio ar iechyd a'r cyflenwad bwyd.

Mudo a gwrthdaro

Mae'n debyg y bydd cystadleuaeth am adnoddau naturiol wrth iddynt fynd yn fwyfwy prin o ganlyniad i newid hinsawdd. Byddai problemau yn sgil sychder cynyddol, prinder dŵr a llifogydd ar afonydd ac arfordiroedd yn effeithio ar lawer gan arwain at bobl yn adleoli o fewn eu gwledydd, neu o wlad i wlad. Gall hyn waethygu pwysau mudo a gwrthdaro ethnig, gan achosi tyndra gwleidyddol.

1.5 Pa strategaethau gellir eu defnyddio i fynd i'r afael â newid hinsawdd?

Gwnaeth llywodraeth y DU gomisiynu **Adolygiad Stern** ar Economeg Newid Hinsawdd, a gyhoeddwyd yn 2006. Roedd yr adolygiad yn asesu'r dystiolaeth dros effaith newid hinsawdd a'r gost i'r economi. Daeth i'r casgliad bod y manteision o weithredu yn gadarn ac yn gynnar yn llawer mwy na'r costau economaidd o beidio â gweithredu.

- Bydd costau a pheryglon cyffredinol newid hinsawdd yn gyfwerth â cholli o leiaf 5% o'r CMC (Cynnyrch Mewnwladol Crynswth) byd-eang bob blwyddyn os na fydd unrhyw weithredu'n digwydd, a gallai godi i 20% o'r CMC neu fwy.
- Gallai'r costau gweithredu – lleihau allyriadau nwyon tŷ gwydr er mwyn osgoi effeithiau gwaethaf newid hinsawdd – gael eu cyfyngu i tua 1% o'r CMC byd-eang bob blwyddyn.

Roedd Stern yn argymell pedair elfen allweddol ar gyfer fframweithiau rhyngwladol y dyfodol:

- **Masnachu allyriadau** er mwyn hyrwyddo gostyngiadau cost effeithiol mewn allyriadau a chyflwyno camau gweithredu yn y gwledydd sy'n datblygu i gefnogi'r newid i lwybrau datblygu carbon isel.
- **Cydweithredu ym maes technoleg** er mwyn hyrwyddo effeithiolrwydd buddsoddiadau mewn arloesedd, cefnogi ymchwil a datblygiad egni a defnyddio technolegau carbon isel i wella effeithlonrwydd egni.
- **Camau i leihau datgoedwigo** er mwyn lleihau nifer y coedwigoedd naturiol sy'n diflannu ledled y byd – proses sy'n cyfrannu mwy at allyriadau byd-eang na thrafnidiaeth.
- **Addasu** trwy gynnwys materion newid hinsawdd yn llawn wrth ddatblygu polisïau, gan sicrhau bod gwledydd cyfoethog yn cadw at eu haddewidion i gynyddu cymorth datblygu ac ymchwilio i gnydau newydd a fydd yn gallu gwrthsefyll sychder a llifogydd yn well, gan mai'r gwledydd tlotaf sydd fwyaf agored i niwed yn sgil newid hinsawdd.

Mae dwy ffordd bosibl o fynd i'r afael â newid hinsawdd: lliniaru ac addasu.

Strategaethau lliniaru

Mae **lliniaru** yn ymwneud â lleihau allyriadau nwyon tŷ gwydr a chynyddu'r suddfannau ar gyfer y nwyon hyn. Mae'n bosibl gwneud hyn trwy osod targedau i leihau allyriadau, newid i ffynonellau egni adnewyddadwy, a dal a storio carbon.

Cyngor yr arholwr

Wrth ymchwilio i newid hinsawdd, dylech geisio darganfod pwy sydd wedi ysgrifennu'r ddogfen ac a yw'n cyflwyno safbwynt unllygeidiog. Nid oes sicrwydd absoliwt ynglŷn â'r dyfodol ac mae'n bosibl y bydd safbwyntiau'n rhagfarnllyd, yn enwedig os ydynt yn cael eu cyflwyno gan blaid wleidyddol neu grŵp diddordeb. Gallwch ennill marciau yn yr arholiad trwy ddangos ymwybyddiaeth o hyn.

Cyfnewid tanwydd ffosil am danwydd arall yw'r ffordd amlwg o liniaru, ond gan fod gorsaf newydd sy'n cynhyrchu trydan trwy lo yn agor yn China bob wythnos, mae'n debyg nad yw'r dewis hwn yn realistig nes bod cyflenwadau glo yn dod i ben. Mae mwy o danwydd ffosil yn cael ei ddefnyddio yn fyd-eang wrth i bobl mewn gwledydd sy'n datblygu geisio cael yr un safonau byw â phobl mewn gwledydd datblygedig. Mae cerbydau modur yn parhau i ddefnyddio petrol neu ddiesel gan mai dyma'r dewis mwy effeithlon, er bod dewisiadau eraill fel tanwydd deuol, hybrid a thrydan yn cyrraedd y farchnad.

Mae **dewisiadau egni adnewyddadwy** posibl ar gyfer cynhyrchu trydan yn cynnwys pŵer solar, tyrbinau gwynt, egni llanw a thonnau, pŵer trydan dŵr, egni geothermol a'r defnydd o fiodanwydd. Mae manteision ac anfanteision i bob un o'r dulliau hyn, a gyda'i gilydd byddai'n bosibl iddyn nhw wneud cyfraniad sylweddol at gyflenwadau egni, er y bydd angen buddsoddi'n helaeth mewn isadeiledd newydd er mwyn eu datblygu.

Mae **arbed egni** yn ddewis deniadol oherwydd ei fod yn arbed arian i'r defnyddiwr hefyd. Mae pobl yn cael eu hannog i ddefnyddio bylbiau golau egni-isel, ynysu eu cartrefi, osgoi gadael offer yn y modd segur a gyrru mewn ffordd sy'n defnyddio tanwydd yn fwy effeithlon. Mae datblygwyr yn cael eu hannog i godi adeiladau di-garbon yn y sector cyhoeddus a'r sector preifat. Mae'r Fargen Werdd a gyflwynwyd yn 2010 yn estyniad o'r polisïau hyn.

Mae awdurdodau lleol yn cyflwyno amrywiaeth o **bolisïau cludiant** sy'n lleihau tagfeydd a llygredd ac yn arbed egni. Mae'r rhain yn cynnwys taliadau atal tagfeydd, cynlluniau rheilffyrdd cul a thramiau, cynyddu costau meysydd parcio a hyrwyddo beicio a cherdded.

Mae'r sector **coedwigaeth** yn gallu helpu i fynd i'r afael â newid hinsawdd trwy gynyddu suddfannau carbon. Mae'n bosibl gwneud iawn am rai allyriadau carbon drwy leihau datgoedwigo ac ehangu'r gwaith o warchod y coedwigoedd presennol, adfer coedwigoedd a chreu coedwigoedd newydd fel y Goedwig Genedlaethol yng Nghanolbarth Lloegr.

Dull ariannol o leihau allyriadau yw **gwrthbwyso carbon**. Mae un credyd carbon yn cynrychioli gostyngiad o un dunnell fetrig o garbon deuocsid, neu gyfanswm cyfwerth mewn nwyon tŷ gwydr eraill. Mae dwy farchnad ar gyfer hyn:
- Yn y farchnad gydymffurfio fawr, gall cwmnïau a llywodraethau brynu credydau carbon i sicrhau eu bod yn cydymffurfio â'r terfynau y cytunwyd arnynt ar gyfer allyriadau carbon.
- Yn y farchnad fach, wirfoddol gall unigolion, cwmnïau neu lywodraethau brynu credydau carbon i liniaru eu hallyriadau nwyon tŷ gwydr eu hunain sy'n deillio o drafnidiaeth, defnydd trydan a ffynonellau eraill.

Mae credydau'n cael eu hennill trwy roi cymorth ariannol i brojectau gwyrdd fel datblygiadau egni adnewyddadwy, cynlluniau coedwigaeth neu ddileu ffynonellau llygredd.

Strategaethau addasu

Mae **addasu** yn ymwneud â newid ffordd o fyw er mwyn ymdopi â chanlyniadau newid hinsawdd. Mae hyn yn cynnwys enciliad wedi'i reoli o forlinau sy'n erydu, datblygu cnydau sy'n gallu gwrthsefyll sychder ac ymestyn cylchfaoedd cadwraeth fel bod rhywogaethau yn gallu mudo.

Lefel ryngwladol

Ar 9 Mai 1992, mabwysiadodd llywodraethau'r byd **Gonfensiwn Fframwaith y Cenhedloedd Unedig ar Newid Hinsawdd** yn Uwchgynhadledd y Ddaear yn Rio de Janeiro. Y nod oedd ystyried

---

Gwirio gwybodaeth 12

Rhowch un enghraifft ar gyfer pob un o'r strategaethau lliniaru.

camau gweithredu ar gyfer lleihau cynhesu byd-eang ac ymdopi â chanlyniadau tymereddau uwch. Arweiniodd hyn at **Brotocol Kyōto**, cytundeb rhyngwladol ar ymladd yn erbyn newid hinsawdd, a gytunwyd yn Japan ym mis Rhagfyr 1997 gyda'r nod o leihau nwyon tŷ gwydr i'w lefelau yn 1990 yn y cyfnod o 2008 i 2012. Daeth yn ofyniad cyfreithiol ym mis Chwefror 2005. Cytunodd UDA i ostyngiad o 7% mewn nwyon tŷ gwydr, cytunodd yr UE i ostyngiad o 8%, cytunodd Japan i ostyngiad o 6% a chytunodd 21 o wledydd eraill i dargedau tebyg. Fodd bynnag, gan fod UDA hyd yma wedi gwrthod cymeradwyo'r cytundeb nid yw'r targed yn orfodol.

Sefydlwyd y **Panel Rhynglywodraethol ar Newid Hinsawdd** (*IPCC: Intergovernmental Panel on Climate Change*) yn 1989 gan Raglen Amgylcheddol y Cenhedloedd Unedig a Sefydliad Meteorolegol y Byd. Roedd hyn er mwyn rhoi safbwynt gwyddonol yn seiliedig ar ymchwil dda ar sefyllfa bresennol newid hinsawdd a'i ganlyniadau amgylcheddol ac economaidd gymdeithasol posibl. Arweiniodd adroddiad cyntaf yr *IPCC* yn 1990 at greu Confensiwn Fframwaith y Cenhedloedd Unedig ar Newid Hinsawdd – y cytundeb rhyngwladol allweddol i leihau cynhesu byd-eang ac ymdopi â chanlyniadau newid hinsawdd. Cyhoeddwyd ei bedwerydd adroddiad yn 2007.

Camau llywodraethau cenedlaethol

Yn dilyn **Deddf Newid Hinsawdd 2008**, Prydain oedd y wlad gyntaf yn y byd i osod cyllidebau carbon wedi'u rhwymo'n gyfreithiol gyda'r nod o leihau allyriadau'r DU o leiaf 80% erbyn 2050.

Roedd y ddeddf yn gosod targedau allyriadau nwyon tŷ gwydr mewn deddfwriaeth ac yn creu system o gyllidebau carbon 5 mlynedd. Daeth y targedau yn ofynion cyfreithiol ym mis Mai 2009, gan nodi'r angen i ostwng lefelau yn is na lefelau 1990, sef:

- 22% yn 2008–12
- 28% yn 2013–17
- 34% yn 2018–22

Mae'r **Cynllun Pontio Carbon Isel** (*LCTP: Low Carbon Transition Plan*) yn amlinellu sut bydd y DU yn llwyddo i weithredu'r cyllidebau carbon hyn ac arbed tua 700 miliwn tunnell fetrig o garbon deuocsid cyfwerth erbyn 2022. Cafodd adrannau'r Llywodraeth gyfran o gyllideb carbon y DU ac maen nhw'n gyfrifol am leihau allyriadau yn eu meysydd penodol. Ym mis Mawrth 2010, lluniodd pob adran Gynllun Cyflenwi Lleihau Carbon er mwyn nodi eu camau gweithredu yn fanwl. Mae'r Adran Ynni a Newid Hinsawdd (*DECC: Department of Energy and Climate Change*) yn goruchwylio'r cynlluniau hyn ac yn monitro'r broses o'u gweithredu. Mae'r Ddeddf hefyd yn gosod fframwaith er mwyn cynllunio ar gyfer peryglon hinsawdd yn y dyfodol ac er mwyn i'r llywodraeth:

- weithio gyda'r sector preifat i wella ymwybyddiaeth o beryglon hinsawdd ac annog mentrau newydd gan fusnesau
- amddiffyn yr isadeiledd cenedlaethol yn erbyn peryglon yr hinsawdd
- gweithredu i ddiogelu'r amgylchedd naturiol
- gwneud yn siŵr bod dinasoedd yn cael eu cynllunio a'u hadeiladu, neu eu haddasu, i ymdopi â sialensiau llygredd ac effaith yr ynys wres drefol
- gwella cynlluniau tywydd poeth iawn er mwyn lleihau effeithiau disgwyliedig newid hinsawdd ar iechyd
- deall y peryglon a'r cyfleoedd sy'n wynebu'r DU o ganlyniad i effeithiau hinsawdd mewn gwledydd eraill

Yn 2004, Cymru oedd â'r allyriadau carbon uchaf y person yn y DU ac roedd yn rhif 12 yn rhestr y byd, gan gynhyrchu 14.2 tunnell fetrig o garbon deuocsid y person o gymharu ag 8.8 tunnell fetrig yn Lloegr. Mae Cynulliad Cenedlaethol Cymru wedi cymryd camau i leihau allyriadau Cymru, gan gynnwys:

Cyngor yr arholwr

Aseswch yr ymdrechion rhyngwladol i ymateb i newid hinsawdd drwy edrych ar *Special Report on Managing the Risks of Extreme Events and Disasters to Advance Climate Change Adaptation* yr IPCC (2011). Gallwch hefyd edrych ar wefannau cyfryngau newyddion fel y BBC.

Cyngor yr arholwr

Egni yw'r term sy'n cael ei ddefnyddio am 'energy' mewn papurau arholiad, ond mae ynni yn codi yn y testun hwn hefyd mewn teitlau swyddogol. Mae egni ac ynni yn golygu'r un peth.

- ceisio lleihau allyriadau carbon 3% bob blwyddyn erbyn 2011 yn yr holl feysydd datganoledig
- sefydlu Comisiwn Cymru ar y Newid yn yr Hinsawdd
- datblygu cynlluniau i osod technoleg microgynhyrchu adnewyddadwy mewn cartrefi tlawd o ran tanwydd a chefnogi dulliau cymunedol o gynhyrchu egni
- cyhoeddi'r Trywydd Ynni Adnewyddadwy, a oedd yn argymell y gallai Cymru gynhyrchu cymaint o drydan o ffynonellau adnewyddadwy â'r hyn mae'n ei ddefnyddio ymhen 20 mlynedd
- argymell y dylai pob adeilad newydd yng Nghymru gael ei godi yn unol â safonau di-garbon o 2011 ymlaen

Sefydlwyd yr **Ymddiriedolaeth Garbon** yn 2001 gan lywodraeth y DU fel cwmni annibynnol di-elw i gyflymu'r broses o symud tuag at economi carbon isel. Mae'n cydweithio â sefydliadau eraill trwy ddarparu cymorth arbenigol i leihau allyriadau carbon ar hyn o bryd a datblygu technolegau carbon isel sy'n hyfyw yn fasnachol a fydd yn lleihau allyriadau carbon yn y dyfodol. Ei nod yw arbed dros 20 miliwn tunnell fetrig o garbon y flwyddyn erbyn 2050.

Polisïau lleol

Mae ymgyrch **Keep Leicester Cool** wedi hyrwyddo deg cam posibl i helpu pobl i leihau eu hallyriadau carbon deuocsid. Fe'i sefydlwyd yn 2003 i gynnig atebion ymarferol i annog unigolion i dderbyn cyfrifoldeb personol am leihau effaith y ddinas ar newid hinsawdd. Roedd yr ymgyrch 3 blynedd yn defnyddio'r wasg a darlledwyr i ganolbwyntio ar bynciau fel llifogydd, egni yn y cartref, cynnyrch lleol, iechyd, egni adnewyddadwy, garddio, ailgylchu, cludiant ac arbed dŵr. Roedd y cynllun yn targedu cynulleidfaoedd Asiaidd yn benodol, sef dros 30% o'r boblogaeth leol.

Lansiwyd **CarbonNeutral Newcastle** yn 2003 fel menter ar draws y ddinas i godi ymwybyddiaeth o newid hinsawdd a lleihau allyriadau carbon pobl a busnesau. Mae amcanion y fenter yn cynnwys codi proffil newid hinsawdd, helpu pobl i leihau eu hallyriadau carbon, cynnig cymorth i fusnesau a chodi arian ar gyfer projectau carbon isel.

Mae **Cynllun Gweithredu Ynni Cynaliadwy** Abertawe yn canolbwyntio ar fesurau i leihau effaith y ddinas ar newid hinsawdd. Mae'r ymgyrch yn nodi'r camau sydd angen eu gweithredu yn lleol i leihau allyriadau carbon y ddinas er mwyn cwrdd â thargedau'r DU. Mae wedi datblygu rhaglen i leihau defnydd Abertawe o danwydd ffosil 5% drwy wella effeithlonrwydd egni a datblygu allbwn technoleg egni adnewyddadwy.

Carfanau pwyso ac unigolion

Mae 150,000 o bobl yn marw bob blwyddyn oherwydd newid hinsawdd yn ôl **Greenpeace**, ac ymhen 50 mlynedd gallai traean o bob rhywogaeth sy'n byw ar y tir wynebu difodiant (*extinction*). Eu nod yw sbarduno'r llywodraeth genedlaethol a sefydliadau rhyngwladol i weithredu, ac mae wedi ymgyrchu yn erbyn trydydd llwybr glanio yn Heathrow a datblygiad gorsafoedd trydan newydd sy'n defnyddio glo. Mae Greenpeace yn cefnogi dewisiadau arbed egni ac egni adnewyddadwy i liniaru newid hinsawdd.

Sefydlwyd **Cyfeillion y Ddaear** yn 1971 i ymgyrchu dros hinsawdd ddiogel yn lleol, yn genedlaethol ac yn rhyngwladol. Eu nod yw darganfod atebion i broblemau amgylcheddol yn seiliedig ar ymchwil ddibynadwy ac mae'n defnyddio ei rwydwaith i roi dros filiwn o bobl ar waith er lles dyfodol mwy cynaliadwy.

Yr **Ymgyrch Hinsawdd Fyd-eang** yw enw cyfunol yr holl sefydliadau, grwpiau ac unigolion ledled y byd sy'n dod at ei gilydd ar gyfer y **Diwrnod Gweithredu Byd-eang**. Mae'r diwrnod hwn wedi

Cyngor yr arholwr

Darganfyddwch beth sy'n digwydd yn eich ardal leol? Bydd gwybodaeth leol yn creu argraff ar yr arholwr.

Gwirio gwybodaeth 13

Beth yw 'carfan bwyso'? Ym mha ffordd mae'n wahanol i 'grŵp diddordeb'?

cael ei gynnal bob blwyddyn ers 2005 yr un pryd â **Thrafodaethau'r Cenhedloedd Unedig ar Newid Hinsawdd**. Mae pobl o dros 100 o wledydd ym mhedwar ban byd yn dod at ei gilydd mewn dinasoedd mawr i bwyso ar y llywodraethau sy'n mynychu'r trafodaethau i weithredu ar frys ym maes hinsawdd a chyfiawnder hinsawdd.

Mudiad llawr gwlad (*grass-roots*) sy'n tyfu'n gyflym yw'r **Gwersyll Hinsawdd** ac mae'n cynnwys pobl gyffredin sy'n gweithredu ym maes newid hinsawdd. Mae'r aelodau wedi colli amynedd â rhethreg y llywodraeth a safbwynt y corfforaethau sydd, yn eu barn nhw, yn rhwystro'r camau sydd eu hangen i fynd i'r afael â'r broblem. Sefydlwyd y gwersyll ym mis Awst 2006 pan ddaeth 600 o bobl at ei gilydd i brotestio ger ffynhonnell garbon deuocsid fwyaf y DU, sef gorsaf Drax sy'n cynhyrchu trydan trwy lo yng Ngorllewin Swydd Efrog.

Cynghrair Atal Anhrefn Hinsawdd yw'r grŵp mwyaf yn y DU sy'n gweithredu ym maes newid hinsawdd a chyfyngu ar effaith newid hinsawdd ar gymunedau tlotaf y byd. Mae dros 11 miliwn o bobl o dros 100 o sefydliadau'n cefnogi'r gynghrair, gan gynnwys elusennau amgylchedd a datblygiad, undebau llafur, grwpiau ffydd, grwpiau cymunedol a grwpiau menywod. Mae'r gynghrair yn pwyso am weithredu ymarferol yn y DU i gadw cynhesu byd-eang o dan y trothwy 2°C.

Ym mis Tachwedd 2009, sefydlodd y gwleidydd Nigel Lawson felin drafod (*think tank*) o'r enw **Sefydliad Polisi Cynhesu Byd-eang** sy'n amau gwirionedd newid hinsawdd. Prif nod y sefydliad yw dod â rheswm, uniondeb a chydbwysedd i drafodaeth sydd, ym marn ei sylfaenwyr, wedi mynd yn anghytbwys, yn afresymol ac anoddefgar yn aml. Yn ôl y grŵp mae'r ddadl nawr yn llawn rhagfarn a gormodiaith, ac maen nhw'n awyddus i ailgynnau dadl gytbwys, briodol.

Mae'n bwysig nodi bod grwpiau sy'n amau newid hinsawdd yn cael eu hariannu gan gwmnïau olew yn aml. Nid yw busnesau pwerus, yn enwedig yn UDA, yn awyddus i fabwysiadu mesurau a allai rwystro eu gweithgareddau.

Cyngor yr arholwr

Ewch i **www.thegwpf.org/** i weld safbwyntiau'r amheuwyr. Bydd ateb cytbwys i gwestiwn arholiad yn ystyried safbwyntiau'r amheuwyr yn ogystal â safbwyntiau'r rhai sy'n credu bod angen i ni weithredu ar frys.

Gwirio gwybodaeth 14

Beth yw'r Fargen Werdd?

1.6 Pa mor llwyddiannus fu strategaethau wrth fynd i'r afael â newid hinsawdd?

Gwerthusiad o'r ymdrechion i leihau newid hinsawdd

Mae'n bosibl defnyddio amrywiaeth eang o strategaethau i leihau newid hinsawdd. Er y gall y mesurau hyn gael rhywfaint o effaith, mae'r cynnydd graddol mewn allyriadau carbon yn y gwledydd sy'n datblygu yn cyfyngu ar eu llwyddiant. Mae dulliau o leihau allyriadau yn cynnwys:

- cwotâu ar gyfer cynhyrchu tanwydd ffosil fel y rhai mae *OPEC* yn cytuno arnynt
- newid i ffynonellau egni eraill fel pŵer niwclear neu gymysgedd o ddewisiadau adnewyddadwy fel pŵer trydan dŵr, tyrbinau gwynt, egni tonnau a llanw a phaneli solar
- gwella effeithlonrwydd egni ac arbed egni ym meysydd cynllunio trefol, cynllunio adeiladau a thrafnidiaeth
- datblygu technoleg dal a storio carbon
- lleihau methan o ddeunyddiau gwastraff
- coedwigo ac ailgoedwigo

Mae cynlluniau mwy chwyldroadol ac uchelgeisiol hefyd wedi'u hawgrymu i gyfyngu ar newid hinsawdd, gan gynnwys hadu'r cefnforoedd â haearn i gynyddu'r defnydd o garbon deuocsid ac adeiladu adlewyrchyddion enfawr yn y gofod i leihau pelydriad heulog sy'n dod i mewn.

Mae gwledydd wedi'u diwydianeiddio yn gartref i tua chwarter poblogaeth y byd ond maen nhw'n gyfrifol am ddwy ran o dair o allyriadau carbon deuocsid y byd sy'n gysylltiedig ag egni. Fodd bynnag, gwledydd sy'n datblygu sy'n debygol o ddioddef effeithiau gwaethaf cynhesu byd-eang. Os nad yw llywodraethau a busnesau yn gweithredu mesurau priodol i warchod yr hinsawdd dylen nhw ysgwyddo rhywfaint o'r cyfrifoldeb am ganlyniadau'r difrod sy'n deillio o'r hinsawdd naill ai drwy leihau eu hallyriadau neu drwy gyfrannu at gronfa ddigolledu.

Mae cyfres o gyfarfodydd a chytundebau rhyngwladol i fynd i'r afael â newid hinsawdd a'i ganlyniadau wedi'u cynnal, ond araf yw unrhyw gynnydd gwirioneddol gan fod pob gwlad eisiau amddiffyn ei buddiannau ei hun. Mae'n rhaid i gytundebau amlochrog sicrhau lefelau digonol o gyfranogiad, lefelau digonol o weithredu gan bawb ac annog (neu orfodi) cydymffurfiaeth er mwyn llwyddo.

Nid yw **Protocol Kyōto** wedi llwyddo i gyrraedd y nod er gwaethaf y ffaith fod 187 o wladwriaethau wedi'i lofnodi erbyn mis Tachwedd 2009. Y rhesymau dros hyn yw:
- ni wnaeth UDA ac Awstralia lofnodi a chymeradwyo'r cytundeb
- nid yw'r gwledydd wedi cyflawni'r amcanion y cytunwyd arnynt i leihau eu hallyriadau nwyon tŷ gwydr 5.2% ar gyfartaledd o gymharu â lefelau 1990
- nid oedd angen i lawer o wledydd, fel Rwsia, leihau eu hallyriadau

Mae'n ymddangos bod Protocol Kyōto wedi methu gan fod lefelau carbon deuocsid yn yr atmosffer yn codi ar raddfa gyflymach, heb unrhyw arwydd o arafu. Mae rhai pobl yn credu nad oedd y protocol yn mynd yn ddigon pell i leihau allyriadau nwyon tŷ gwydr ac nad oedd y cyfyngiadau yn cynnwys allyriadau awyrennau a llongau rhyngwladol.

Ni fydd yn bosibl cyrraedd y targedau os nad yw UDA yn cymeradwyo'r protocol neu os nad yw economïau sy'n datblygu'n gyflym, fel China, yn lleihau eu hallyriadau yn sylweddol. Yr unig rwymedigaeth sydd gan wledydd sy'n datblygu fel Brasil, China ac India yw monitro a chofnodi eu hallyriadau. Fodd bynnag, llwyddodd Protocol Kyōto i sefydlu fframwaith ar gyfer cytundebau hinsawdd yn y dyfodol ac roedd yn caniatáu i wledydd arbrofi â chapio a masnachu allyriadau am y tro cyntaf erioed. Mae'n bosibl ei ystyried yn gam cyntaf cyfyngedig a gofalus felly, yn hytrach na methiant llwyr.

Yn ystod **Cynhadledd Newid Hinsawdd y Cenhedloedd Unedig yn Bali** ym mis Rhagfyr 2007, gwnaeth dros 10,000 o gyfranogwyr, gan gynnwys cynrychiolwyr o dros 180 o wledydd, gyfarfod ag arsylwyr o sefydliadau rhynglywodraethol ac anllywodraethol (*NGO: non-governmental organisation*) a'r cyfryngau. Cafwyd cytundeb ar Fap Ffyrdd Bali ar gyfer proses drafod newydd a fydd yn arwain at gytundeb rhyngwladol ar newid hinsawdd ar ôl 2012 (pan ddaw Protocol Kyōto i ben). Cafodd penderfyniadau ar drosglwyddo technoleg a lleihau allyriadau o ddatgoedwigo eu gwneud. Cytunwyd i sefydlu Cronfa Addasu i wella amddiffynfeydd gwledydd tlawd sy'n brin o'r arian, y dechnoleg a'r adnoddau dynol i ymdopi â newid hinsawdd. Mae'r arian yn dod o ardoll 2% ar gyllid sy'n dod o'r cynllun credydau carbon.

Nod **Cynhadledd Newid Hinsawdd y Cenhedloedd Unedig yn København (Copenhagen)** ym mis Rhagfyr 2009 oedd sicrhau cytundeb rhwng 77 o wledydd i leihau allyriadau nwyon tŷ gwydr. Fodd bynnag, methodd y trafodaethau yn y pen draw, a dim ond pum gwlad a lofnododd gytundeb gwannach, sef Cytgord København.

Cyngor yr arholwr

Ers i'r llyfr hwn gael ei ysgrifennu cafodd Cynhadledd Newid Hinsawdd y Cenhedloedd Unedig ei chynnal yn Durban. Daeth y gynhadledd honno i ben ym mis Rhagfyr 2011. Ymchwiliwch i ganlyniadau'r gynhadledd: a gafodd unrhyw gynnydd ei wneud?

Yn fwy diweddar, mae gwyddonwyr hinsawdd wedi gorfod egluro sawl ddigwyddiad dadleuol:

- 'Climategate', pan lwyddodd hacwyr i ddarllen negeseuon e-bost Uned Ymchwil Hinsawdd Prifysgol East Anglia. Honnodd amheuwyr newid hinsawdd fod y negeseuon e-bost yn cynnwys tystiolaeth fod y data wedi'u cam-drin i brofi mai pobl oedd yn achosi newid hinsawdd.
- Dangosodd 'Glaciergate' fod adroddiad yr *IPCC* yn 2007 wedi gwneud y camgymeriad o ddefnyddio tystiolaeth o ymgyrch Cronfa Bywyd Gwyllt y Byd (*WWF: World Wildlife Fund*) a oedd yn awgrymu y byddai rhewlifoedd yr Himalaya yn diflannu erbyn 2035. Nid oedd y wybodaeth hon yn seiliedig ar asesiad gwyddonol a adolygwyd gan gyfoedion ac roedd yn anghywir yn y pen draw.

Cyngor yr arholwr

Mae cwestiynau sy'n gofyn i chi werthuso neu asesu strategaethau yn disgwyl i chi ystyried amrywiaeth o bwyntiau a chyfiawnhau'r rhai sydd, yn eich barn chi, yn cael yr effaith fwyaf.

Crynodeb

- Mae'n rhaid deall patrwm byd-eang hinsoddau a'u biomau cysylltiedig er mwyn deall newid hinsawdd.
- Mae newid hinsawdd yn digwydd yn y tymor hir ac yn y tymor byr. Mae'r rhesymau dros y newidiadau yn amrywio ac mae eu hachosion yn wahanol.
- Mae yna gorff cynyddol o dystiolaeth ar gyfer newid hinsawdd ar hyn o bryd. Mae'r prosesau newid yn gysylltiedig â ffactorau amgylcheddol a dynol.
- Mae effeithiau newid hinsawdd yn ddadleuol, ond mae tystiolaeth i'w gweld mewn cylchfaoedd hinsoddol yn symud, lefel y môr yn codi, rhewlifoedd yn encilio a thywydd eithafol, sydd i gyd yn effeithio ar gymdeithasau. Mae'r effeithiau yn amrywio yn ôl lleoliad a lefelau datblygu.
- Mae sefydliadau rhyngwladol, llywodraethau ar sawl lefel a phobl gyffredin yn datblygu strategaethau i fynd i'r afael â newid hinsawdd.
- Er gwaethaf yr elfen o ansicrwydd ynglŷn ag effeithiau newid hinsawdd yn y dyfodol, mae'n rhaid i gymdeithas werthuso llwyddiant neu fethiant ymdrechion i leihau effaith newid hinsawdd.

Thema 2: Ymchwilio i newidiadau tectonig a hydrolegol

2.1 Beth yw'r prosesau sy'n gysylltiedig â thectoneg platiau?

Patrymau platiau a ffiniau platiau

Yn 1912, cyhoeddodd Alfred Wegener ei ddamcaniaeth fod y cyfandiroedd yn symud ar draws arwyneb y Ddaear. Awgrymodd eu bod yn un cyfandir enfawr o'r enw **Pangaea** 300 miliwn o flynyddoedd yn ôl. Roedd tystiolaeth ddaearegol, hinsoddol a biolegol yn cefnogi ei ddamcaniaeth ynglŷn â 'drifft cyfandirol', gan gynnwys:

- mae'n ymddangos bod ymylon cyfandir Affrica a De America yn ffitio i'w gilydd
- mae dyddodion rhewlifol tebyg sy'n 290 miliwn o flynyddoedd oed i'w gweld yn Ne America, Antarctica ac yn India
- mae dilyniannau daearegol tebyg i'w gweld yn yr Alban a dwyrain Canada

- mae ffosiliau ymlusgiaid, infertebratau a phlanhigion tebyg i'w darganfod ar gyfandiroedd gwahanol
- mae storfeydd glo wedi'u darganfod yn Antarctica, felly mae'n rhaid bod yr hinsawdd wedi bod yn gynnes yno ar un adeg

Roedd Wegener yn credu bod Pangaea wedi hollti'n ddau gyfandir tua 200 miliwn o flynyddoedd yn ôl, sef Laurasia a Gondwanaland, cyn parhau i hollti nes creu'r sefyllfa bresennol.

Cyngor yr arholwr

Gwnewch restr o'r dystiolaeth ar gyfer symudiad platiau o dan y penawdau hyn: daearegol, hinsoddol a biolegol. Chwiliwch am ragor o wybodaeth am y dystiolaeth. Bydd hyn yn eich helpu i ddysgu'r testun hwn yn dda.

Wrth i dechnoleg wyddonol wella yn ystod yr ugeinfed ganrif, cafwyd mwy o dystiolaeth i gefnogi **damcaniaeth tectoneg platiau**. Daeth i'r amlwg fod llawr y môr yn lledaenu yng nghanol Cefnfor Iwerydd. Mae gwrthdroeon ym mholaredd y Ddaear yn cael eu cofnodi yn y gramen newydd, gan greu patrwm streipiog sy'n cael ei efelychu ar ddwy ochr cefnen ganol Cefnfor Iwerydd. Er mwyn gwneud iawn am y twf hwn yng nghramen y Ddaear ar ymylon platiau adeiladol, mae plât tectonig yn cael ei ddinistrio yn rhywle arall. Cafodd ffosydd enfawr yn y cefnforoedd eu darganfod lle'r oedd llawr y cefnfor yn cael ei dansugno o dan y gramen gyfandirol ysgafnach, llai trwchus.

Mae saith prif blât tectonig – Affrica, Antarctica, Ewrasia, Indo-Awstralia, Gogledd America, De America a'r Cefnfor Tawel – a sawl un llai fel platiau Nazca a Pilipinas (Ffigur 19). Mae trwch platiau cefnforol rhwng 50 a 100 km ac mae'r graig sy'n eu ffurfio yn llai na 180 miliwn o flynyddoedd oed. Mae trwch platiau cyfandirol rhwng 100 a 250 km ac maen nhw'n llawer hŷn mewn mannau. Mae cyfraddau symud yn amrywio rhwng tua 0.60 cm y flwyddyn i 10 cm y flwyddyn.

Mae cramen y Ddaear a rhan allanol y fantell, sy'n cynnwys deunydd mwy anhyblyg, yn ffurfio'r **lithosffer**. Enw rhan is y fantell, sy'n ddeunydd tawdd neu rannol dawdd, yw **aesthenosffer**.

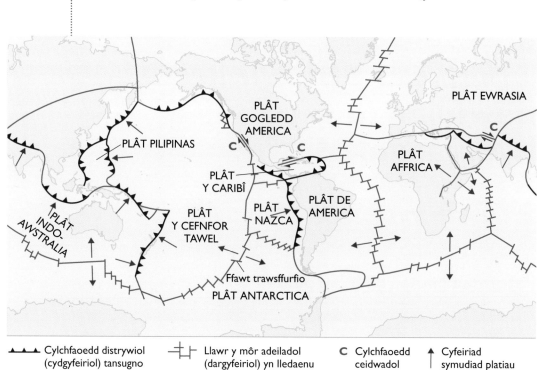

Ffigur 19 Patrwm byd-eang platiau tectonig

Prosesau sy'n gysylltiedig ag ymylon adeiladol, distrywiol a cheidwadol platiau

Mae symudiad platiau tectonig yn cael ei yrru gan gerrynt darfudiad thermol yn y fantell uchaf sy'n defnyddio gwres o ddadfeiliad ymbelydrol mwynau yn ddwfn yn y Ddaear a gwres gweddillol o ffurfiant y Ddaear. Mae'r gwres hwn yn achosi magma poeth i godi. Os yw'r gramen yn deneuach ar lawr canol y cefnfor, mae'r magma poethach a llai trwchus yn torri trwodd i greu cramen newydd wrth gael ei oeri gan y dŵr.

Mae'n anodd gwybod beth yn union sy'n gyfrifol am symud platiau. Hyd at ddechrau'r 1990au, roedd gwyddonwyr yn credu mai darfudiad mentyll, lledaeniad gwely'r môr a mewnwthiad magma yng nghefnen ganol y cefnfor oedd yn gyrru symudiad platiau mewn proses o'r enw **gwthiad cefnen**. Fodd bynnag, yn fwy diweddar mae'r cysyniad o **dyniad slab** – lle mae plât cefnfor trwchus yn suddo i gylchfa dansugno oherwydd tyniad disgyrchiant – wedi dod yn fwy poblogaidd. Mae'r platiau yn fwyaf poeth yn y cefnenau yng nghanol y cefnfor ac maen nhw'n oeri ac yn mynd yn fwy trwchus a thrwm wrth symud i ffwrdd.

Gwirio gwybodaeth 15

Enwch ddau blât tectonig mawr a dau blât tectonig bach.

Ymylon adeiladol (dargyfeiriol)

Wrth ymylon (neu ffiniau) platiau adeiladol (Ffigur 20), mae'r platiau yn symud oddi wrth ei gilydd. Mae magma yn codi i'r arwyneb, gan ffurfio cramen gefnforol mewn cefnenau cefnforol neu gramen gyfandirol mewn dyffrynnoedd hollt. Mae daeargrynfeydd bas a gweithgaredd folcanig yn nodweddiadol o ymylon platiau o'r fath. Mae Gwlad yr Iâ yn sefyll ar **gefnen ganol Cefnfor Iwerydd**, ac mae ynysoedd newydd, fel Surtsey yn 1963 a Heimey yn 1973, wedi'u ffurfio oherwydd folcanigrwydd. Echdorrodd Eyjafjallajökull yn 2010 ar hyd ymyl y plât hwn.

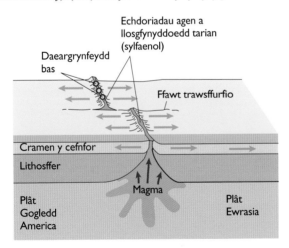

Ffigur 20 Prosesau ymylon adeiladol

Ymylon distrywiol (cydgyfeiriol) ac ymylon gwrthdaro

Mae tri math o ymyl (neu ffin) cydgyfeiriol lle mae platiau yn symud tuag at ei gilydd: cefnforol-cyfandirol, cefnforol-cefnforol a chyfandirol-cyfandirol. Mae'r ddau gyntaf yn ffiniau plât distrywiol lle mae un plât yn cael ei dansugno o dan y llall. Mae ymylon gwrthdaro yn digwydd lle mae dau blât o gramen gyfandirol yn symud gyda'i gilydd.

Wrth **ffiniau cefnforol-cyfandirol**, mae cramen gefnforol fwy trwchus yn cael ei thansugno o dan gramen gyfandirol ysgafnach (Ffigur 21), gan greu **ffosydd cefnfor** dwfn a **chadwynau o fynyddoedd** folcanig a **batholithau** o dan yr arwyneb. Mae plât y cefnfor wedi ymdoddi'n rhannol, gan gynhyrchu magma andesit neu wenithfaen. Mae daeargrynfeydd bas i ganolradd yn gyffredin yn yr ymylon hyn, fel yr un yn Chile ym mis Chwefror 2010, a achoswyd gan y plât Nazca yn cael ei dansugno o dan blât De America.

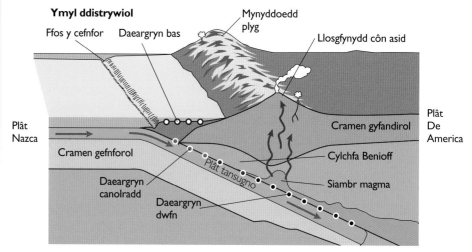

Ffigur 21 Prosesau ymylon distrywiol

Wrth **ffiniau cefnforol-cefnforol**, mae un plât yn cael ei dansugno a gall arc ynys folcanig gyda ffos gyfagos yn ddwfn yn y môr ymffurfio, a gall daeargrynfeydd bas i ddwfn ddigwydd o'r ffos tuag at **arc ynys**, mewn ardal sy'n cael ei disgrifio fel **cylchfa Benioff**. Mae'r Ynysoedd Aleutia yn ffurfio arc o Alaska yn UDA i Orynys Kamchatka yn Rwsia ar hyd ymyl ogleddol **Cylch Tân y Cefnfor Tawel**.

Wrth **ffiniau cyfandirol-cyfandirol**, mae'r gramen yn methu tansugno ac mae'n cael ei gorfodi tuag i fyny i ffurfio **mynyddoedd plyg** fel yr Himalaya (Ffigur 22). Mae daeargrynfeydd bas yn digwydd yma, ond nid oes llawer o weithgaredd folcanig, os o gwbl. Digwyddodd daeargryn Kashmir yn Pakistan yn 2005 yn yr ardal lle'r oedd platiau Ewrasia ac Indo-Awstralia yn gwrthdaro.

Ymyl gwrthdaro

Plât Ewrasia

Mynyddoedd plyg

Plât Indo-Awstralia

Lithosffer

Gwaddodion wedi'u chwalu

Isymwthio *(underthrusting)* yn arwain at lithosffer mwy trwchus

Ffigur 22 Prosesau ymylon gwrthdaro

Ymylon ceidwadol (trawsffurfio)

Wrth ffiniau ceidwadol mae ochrau'r platiau yn llithro heibio ei gilydd (Ffigur 23). Nid oes gweithgaredd folcanig ond mae daeargrynfeydd bas yn gyffredin ar hyd ffawtiau sy'n rhedeg yn gyfochrog ag ymyl y plât. Mae Ffawt San Andreas, ar hyd arfordir gorllewinol Gogledd America lle mae platiau'r Cefnfor Tawel a Gogledd America yn cyfarfod, yn peryglu nifer o ddinasoedd mawr fel San Francisco a Los Angeles.

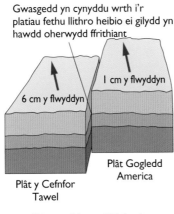

Gwasgedd yn cynyddu wrth i'r platiau fethu llithro heibio ei gilydd yn hawdd oherwydd ffrithiant

1 cm y flwyddyn

6 cm y flwyddyn

Plât Gogledd America

Plât y Cefnfor Tawel

Dim gweithgaredd folcanig

Ffigur 23 Prosesau ymylon ceidwadol

2.2 Beth yw'r peryglon sy'n gysylltiedig â digwyddiadau tectonig?

Daeargrynfeydd a llosgfynyddoedd yw'r prif beryglon sy'n dilyn gweithgaredd tectonig. Mae digwyddiadau eilaidd yn cynnwys tsunami, lleidlifau a newid hinsawdd tymor byr. Mae peryglon tectonig yn gallu cael effaith leol ac effaith ranbarthol gan arwain at ganlyniadau demograffig, economaidd a chymdeithasol.

Llosgfynyddoedd a'u heffaith

Mae llosgfynyddoedd yn digwydd wrth ymylon platiau adeiladol a distrywiol, neu dros **fannau poeth** yng nghramen y Ddaear, lle mae magma poeth, lludw a nwyon yn cael eu rhyddhau o dan arwyneb y Ddaear. Mae natur yr echdoriad a'i gynnyrch yn dibynnu ar leoliad y llosgfynydd.

Mae'n bosibl dosbarthu llosgfynyddoedd yn ôl eu maint a'u siâp neu yn ôl natur eu hechdoriadau. Fodd bynnag, mae'r nodweddion hyn yn perthyn i'w gilydd gan fod natur yr echdoriad yn effeithio ar y tirffurf sy'n dilyn. Mae'n bosibl categoreiddio echdoriadau fel: **echdoriadau llifeiriol**, lle mae magma â lefel gludedd a nwyon cymharol isel yn llifo allan, ac **echdoriadau ffrwydrol**, sy'n cynnwys magma mwy gludiog ac asidig.

Mae dau fath o losgfynydd sylfaenol. Mae gan **Losgfynyddoedd tarian** (Ffigur 24), fel Mauna Loa ar ynys Hawaii, siâp mwy gwastad a diamedr mwy llydan wrth i haenau o lafa hylifol ledaenu dros ardal eang. Maen nhw'n cynhyrchu lafâu sy'n boethach ac yn llai gludiog. Anaml iawn maen nhw'n rhyddhau nwyon, felly mae haenau o lafa basalt yn creu llethrau graddol. Mae'r crater yn aros ar agor

yn aml, yn llawn lafa sy'n byrlymu, a dim ond un agorfa ganolog sydd fel arfer. Mae llosgfynyddoedd ar ynysoedd Hawaii wedi'u ffurfio oherwydd bod yr ynysoedd yn sefyll ar fan poeth yng nghanol plât y Cefnfor Tawel. Mae llosgfynyddoedd tarian hefyd yn bresennol wrth ymylon platiau adeiladol (dargyfeiriol), gan greu llosgfynyddoedd hollt gydag agennau agored, fel yng Ngwlad yr Iâ. Y prif beryglon yw cyflymder llif y lafa ac, yng Ngwlad yr Iâ, y llifogydd sy'n dilyn wrth i'r iâ ymdoddi.

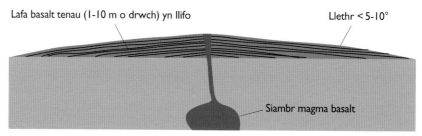

Ffigur 24 Trawstoriad o losgfynydd tarian

Mae trawstoriad **stratolosgfynydd** neu **losgfynydd cyfansawdd** (Ffigur 25), fel Mayon yn y Pilipinas, yn fwy tebyg i byramid ac mae'n cynnwys haenau o lafa, darnau o graig a lludw. Mae'n cynhyrchu lafâu oerach a mwy gludiog, sy'n cynyddu'r gwasgedd nwy rhwng echdoriadau achlysurol. Mae hyn yn achosi echdoriadau ffrwydrol. Mae'r llosgfynyddoedd hyn yn cyfrannu at ffurfio arcau folcanig wrth ymylon platiau distrywiol ac maen nhw'n cael eu disgrifio fel llosgfynyddoedd tansugno weithiau. Mae enghreifftiau o stratolosgfynyddoedd yn cynnwys Mynydd Fuji yn Japan, Merapi yn Indonesia, Galeras yn Columbia a Cotopaxi yn Ecuador, i gyd wedi'u lleoli o gwmpas Cylch Tân y Cefnfor Tawel. Mae dilyniant o lafa sy'n llifo'n araf a'r deunydd pyroclastig sy'n echdorri yn cynhyrchu haenau serth o ludw a chromenni lafa. Mae hyn yn cynyddu'r posibilrwydd o dirlithriadau ac eirlithradau. Un o beryglon cyffredin stratolosgfynyddoedd yw **lahar** neu leidlifau, sy'n beryglus oherwydd eu bod yn symud yn gyflym a'u bod yn boeth fel arfer. Mae'n bosibl bydd yr echdoriadau mwyaf yn ffurfio **callor**, wrth i dop cymesur y côn gael ei chwythu i ffwrdd gan adael crater sydd wedi dymchwel yn y canol.

Cyngor yr arholwr

Gwnewch frasluniau anodedig o'r mathau gwahanol o losgfynyddoedd a nodwch enwau a lleoliad enghreifftiau o'r llosgfynyddoedd hyn. Bydd hyn yn eich helpu i gofio'r manylion wrth baratoi at yr arholiad.

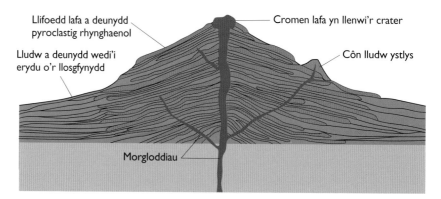

Ffigur 25 Trawstoriad o stratolosgfynydd

Mae llosgfynyddoedd yn amrywio yn ôl pa mor ffrwydrol ydynt ac yn ôl cyfaint eu hechdoriadau. Mae Ffigur 26 yn crynhoi'r prif fathau o ddigwyddiadau folcanig, Ychydig iawn o ddifrod sy'n cael ei achosi gan losgfynyddoedd Hawaii, fel Kilauea, oherwydd anaml iawn maen nhw'n ffrwydro. Mae echdoriadau Krakatoaidd yn ffrwydradau cataclysmig sy'n taflu lludw folcanig ddegau o gilometrau i'r atmosffer ac yn achosi tsunami weithiau.

Mae'r llosgfynyddoedd mwy ffrwydrol yn creu **llifoedd pyroclastig** yn aml, sef llifoedd peryglus, cyflym o nwy poeth a chraig. Gall y tymheredd gyrraedd 1,000°C a gall cyflymder y llif gyrraedd 725 cilometr yr awr. Mae enghreifftiau diweddar o echdoriadau dinistriol o'r fath yn cynnwys Mynydd St Helens yn 1980 a Mynydd Pinatubo yn 1991.

Gwirio gwybodaeth 17
Beth yw deunydd pyroclastig?

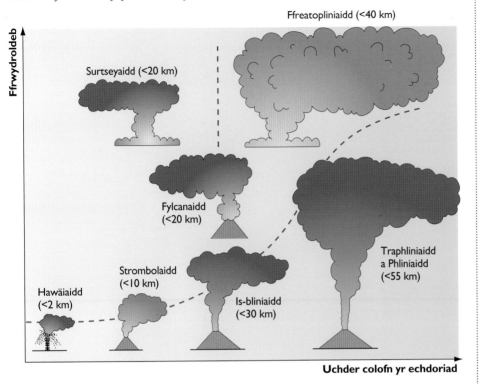

Ffigur 26 Dosbarthiad o'r mathau o echdoriad

Digwyddiadau folcanig
Dyma'r echdoriadau folcanig gwaethaf yn y cyfnod modern o safbwynt nifer y bobl a gafodd eu lladd:
- Tambora, Indonesia (1815) – 60,000
- Krakatau, Indonesia (1883) – 36,600
- Mynydd Pelée, Martinique (1902) – 29,000
- Nevada del Ruiz, Columbia (1985) – 23,000

Arweiniodd pob un o'r echdoriadau hyn at lifoedd pyroclastig – un o'r peryglon gwaethaf sy'n gysylltiedig â gweithgaredd folcanig – a bu farw mwy o bobl oherwydd peryglon ychwanegol. Arweiniodd echdoriad Mynydd Pelée at lifoedd pyroclastig enfawr a ddinistriodd dref arfordirol Saint Pierre. Cafodd bron pawb a oedd yn byw yno eu llosgi'n fyw, eu mygu neu eu claddu o dan y llif lludw cyflym.

Cafodd 23,000 o bobl eu lladd yn y lahar yn dilyn echdoriad Nevada del Ruiz yn 1985. Roedd yr echdoriad a'r llifoedd pyroclastig yn gymharol fach, ond roeddent yn ddigon i ymdoddi llawer o'r cap iâ ar gopa'r llosgfynydd, gan achosi ymchwydd o ddŵr, gwaddod, craig a llystyfiant a adawodd hyd at 5 m o laid ar dref Armero islaw.

Yn 1883, roedd yn bosibl clywed echdoriad Krakatau bron 2,000 km i ffwrdd, ac arweiniodd at lifoedd pyroclastig a chwymp lludw a laddodd tua 4,600 o bobl. Fodd bynnag, y perygl gwaethaf oedd y

tsunami a ddaeth oherwydd cwymp ystlysau'r llosgfynydd i'r cefnfor. Cafodd 32,000 o bobl eu lladd heb unrhyw rybudd yn y cymunedau arfordirol tir isel o amgylch ynys y llosgfynydd.

Yn sgil echdoriad Tambora yn 1815 – yr echdoriad mwyaf grymus a gofnodwyd erioed – cafodd digon o ddeunydd folcanig ei fwrw allan i'r atmosffer i oeri'r atmosffer. Bu farw tua 11,000 o bobl oedd yn byw wrth ymyl y llosgfynydd yn Indonesia yn ystod yr echdoriad yn dilyn llifoedd pyroclastig a chwymp lludw. Mae'r flwyddyn ganlynol yn enwog yn Ewrop a Gogledd America fel 'y flwyddyn heb haf' pan fethodd y cnydau, gan achosi newyn a chlefydau a lladd 49,000 o bobl eraill.

Daeargrynfeydd a'u heffeithiau

Mae daeargryn yn digwydd o ganlyniad i wasgedd sy'n cael ei ryddhau yn sydyn wrth i blatiau tectonig symud yn erbyn ei gilydd, gan greu **tonnau seismig**. Pwynt cychwynnol y rhwyg yw'r **canolbwynt** neu'r **isganolbwynt** o fewn y gramen, felly mae'n bosibl disgrifio daeargrynfeydd fel rhai dwfn neu fas. Yr **uwchganolbwynt** yw'r pwynt ar lefel y ddaear sy'n uniongyrchol uwchben y canolbwynt.

Amcangyfrifir bod 500,000 o ddaeargrynfeydd canfyddadwy yn y byd bob blwyddyn: mae'n bosibl teimlo 100,000 ohonynt ac mae 100 ohonynt yn achosi difrod. Mae'r egni sy'n cael ei ryddhau gan ddaeargryn yn cael ei fesur ar **raddfa maint moment** lle mae pob cam ddeg gwaith yn fwy na'r cam blaenorol ar raddfa logarithmig. Mae'r raddfa hon wedi cymryd lle y **raddfa Richter**, a oedd yn defnyddio osgled cryndod ar seismograff i amcangyfrif maint daeargryn. Nid yw daeargryn maint 3 neu lai yn ganfyddadwy fel arfer, tra bod daeargryn maint 7 yn gallu achosi difrod sylweddol dros ardal eang. Y daeargryn mwyaf a fesurwyd erioed oedd y daeargryn maint 9.5 yn Chile yn 1960.

Mae cryfder y cryndod yn cael ei fesur ar y **raddfa Mercalli**. Dyma ddull disgrifiadol o benderfynu faint o ddifrod sydd wedi'i wneud, ac mae'n dibynnu ar ddehongliad pobl o'r hyn sydd wedi digwydd. O ganlyniad, ni fydd dim byd yn cael ei fesur os nad oes neb yno. Bydd creigiau a gwaddodion gwaelodol gwahanol yn arwain at ganlyniadau gwahanol ar gyfer daeargrynfeydd o'r un maint. Felly mae'n anodd cymharu daeargrynfeydd â'r raddfa hon, sy'n dechrau o I ('gydag offer', h.y. dim ond seismograff sy'n gallu eu canfod) i XII ('catastroffig').

Roedd crynodiadau cryfaf daeargryn Chile yn 2010 tua 35 gwaith yn fwy na chrynodiadau daeargryn Haiti ychydig wythnosau yn gynt. Cafodd tua 500 gwaith yn fwy o egni ei ryddhau yn ystod daeargryn Chile, gwnaeth y daeargryn bara'n hirach ac effeithiodd ar ardal tua deg gwaith yn fwy. Fodd bynnag, fel mae Tabl 3 yn ei ddangos, ni wnaeth yr effaith ar bobl amrywio i'r un graddau. Po agosaf yw canolbwynt y daeargryn i'r arwyneb, po fwyaf yw'r cryndod a'r potensial ar gyfer difrod i adeiladau ar yr arwyneb.

Os yw canolbwynt daeargryn mawr wedi'i leoli o dan wely'r môr ac yn achosi dadleoliad, mae'n bosibl y bydd **tsunami** yn dilyn. Ar 26 Rhagfyr 2004, arweiniodd daeargryn maint 9.3 (y mwyaf ond un a gofnodwyd erioed) o dan y môr oddi ar arfordir gorllewin Indonesia at gyfres o tsunami, gan effeithio ar arfordiroedd o gwmpas Cefnfor India a lladd bron 230,000 o bobl.

Mae daeargrynfeydd yn gallu achosi **tirlithriadau** ac, weithiau, gweithgaredd folcanig. Yn 1970, llwyddodd daeargryn mawr o dan y Cefnfor Tawel oddi ar arfordir Periw i ryddhau creigiau ac iâ ar

Fynydd Huascarán, 130 km i ffwrdd. Achosodd hyn dirlithriad enfawr yn teithio ar gyflymder o dros 200 km yr awr. Difrodwyd tref Ranrahirca a oedd yn sefyll 12 km o'r mynydd yn ddifrifol a dinistriwyd pentref Yungay; bu farw 67,000 o bobl a chollodd 800,000 eu cartrefi.

Tabl 3 Cymharu daeargrynfeydd Haiti a Chile

	Haiti	Chile
Pryd	Dydd Mawrth 12 Ionawr 2010 am 4.53 p.m.	Dydd Sadwrn 27 Chwefror 2010 am 3:34 a.m.
Maint	Maint 7.0. Llwyddodd y daeargryn i ysgwyd ardal fechan mewn ffordd ddwys iawn. Roedd yr ardal yn cynnwys Port-au-Prince gyda 2 filiwn o drigolion ac adeiladau a oedd yn methu gwrthsefyll daeargrynfeydd.	Maint 8.8, y bumed daeargryn cryfaf a gofnodwyd erioed. Fe'i disgrifiwyd fel VIII (dinistriol) ar y raddfa Mercalli. Cafodd y daeargryn ei deimlo 2,900 km i'r dwyrain yn São Paulo, Brasil.
Uwchganolbwynt	16 km i'r gorllewin o Port-au-Prince ar ddyfnder o 10 km – y daeargryn cryfaf i daro Haiti mewn 200 mlynedd.	90 km i'r gogledd-ddwyrain o Concepción ar ddyfnder o 35 km.
Ffiniau a symudiad platiau	Digwyddodd y daeargryn ar hyd ffawt streic-rwyg (yr un fath â Ffawt San Andreas yn California) ar y ffin rhwng plât Gogledd America a phlât y Caribî (Ffigur 19). Mae plât y Caribî yn symud i'r dwyrain tua 2 cm y flwyddyn ond roedd y gwasgedd wedi cynyddu gan nad oedd y ffawt wedi symud llawer ers 200 mlynedd.	Digwyddodd y daeargryn rhwng plât Nazca a phlât De America (Ffigur 19), lle maen nhw'n cydgyfeirio ar raddfa o 80 mm y flwyddyn. Roedd darn y ffawt a rwygodd tua 640 km o hyd ac ychydig i'r gogledd o'r darn 1,000 km a rwygodd yn y daeargryn mawr yn 1960.
Effeithiau eilaidd	33 o ôl-gryniadau yn amrywio o 4.2 i 5.9 o ran maint. Roedd uchder tonnau'r tsunami (brig i'r gwaelod) yn 12 cm yn Santo Domingo yng Ngweriniaeth Dominica a 2 cm yn Christiansted ar Ynysoedd Virgin.	Dros 100 o ôl-gryniadau, sawl un yn fwy na 6.0 o ran maint. Roedd uchder osgledau'r tsunami hyd at 2.6 m yn Valparaíso yn Chile, 48 cm yn Hawaii ac 15 cm yn Alaska. Cafwyd nifer o ddirlithriadau ym mynyddoedd yr arfordir, hylifiad mewn twyni tywod dirlawn, a chraciau ac ymsuddiant helaeth yn y ddaear yn y rhan fwyaf o'r ardal. Symudodd y Ddaear 8 cm oddi ar ei hechel.
Dioddefwyr	Cafodd 230,000 o bobl eu lladd a 300,000 eu hanafu. Cafodd 1.1 miliwn o bobl eu dadleoli.	Cafodd 521 o bobl eu lladd a dros 1 miliwn eu dadleoli.
Amcangyfrif o'r gost	Costau ailadeiladu rhwng $8 biliwn ac $14 biliwn. Cwympodd tua 20% o'r adeiladau yn ninas Port-au-Prince ac roedd hyd at 80% o'r rhai oedd yn dal i sefyll wedi'u difrodi'n ddifrifol.	Rhwng $4 biliwn a $7 biliwn; difrodwyd mwy na 0.5 miliwn o dai.
Adeiladau a gafodd eu dinistrio neu eu difrodi	280,000. Nid oes safonau adeiladu gwirioneddol yn Haiti.	500,000. Mae cod adeiladu 'cynllun seismig' llym wedi bodoli ers 1960, ond cafodd ardal llawer ehangach ei heffeithio.
Data economaidd gymdeithasol	• Poblogaeth: 9 miliwn. • MDD: 0.532 (rhif 149). • 80% o dan y llinell dlodi. • Disgwyliad oes: 61. • CMC y pen: $1,300. • Mae'r rhan fwyaf o bobl Haiti yn byw ar lai na $2 y dydd ac mae dros ddwy ran o dair ohonynt heb swyddi ffurfiol.	• Poblogaeth: 16 miliwn. • MDD: 0.878 (rhif 44). • 18% o dan y llinell dlodi. • Disgwyliad oes: 78. • CMC y pen: $14,700.

Mae daeargrynfeydd mawr yn gallu achosi **echdoriadau folcanig** fisoedd yn ddiweddarach a hyd at 500 km i ffwrdd. Ar ôl daeargryn Chile yn 1960, cafwyd chwe echdoriad yn y 18 mis nesaf – cynnydd sylweddol yn y gyfradd echdoriadau gyfartalog, sef tua un y flwyddyn. Echdorrodd llosgfynydd Kilauea yn Hawaii yn 1975 lai nag awr ar ôl i ddaeargryn daro ardal ychydig o gilometrau i ffwrdd. Cafodd

Cyngor yr arholwr

Dylech geisio cynnwys enghreifftiau diweddar o weithgaredd tectonig yn eich atebion. Mae hyn yn dangos i'r arholwr eich bod yn astudio'r pwnc yn hytrach na dim ond ailadrodd nodiadau a gwerslyfrau, a byddwch yn ennill marciau o ganlyniad.

Java yn Indonesia ei tharo gan ddaeargryn maint 6.4 yn 2006. Dri diwrnod yn ddiweddarach, nododd daearegwyr a oedd yn astudio llosgfynyddoedd Merapi a **Semeru** 50 km a 280 km i ffwrdd, fod tymheredd a chyflymder y magma a oedd yn llifo y tu mewn i'r ddau losgfynydd ddwywaith yn fwy na'r arfer.

2.3 Sut mae peryglon tectonig yn cael eu canfod a'u rheoli?

Canfyddiadau ac ymwybyddiaeth gwahanol o beryglon tectonig gan grwpiau sydd â diddordebau sy'n gwrthdaro

Mae pobl yn dewis byw mewn lleoedd sy'n gallu bod yn beryglus oherwydd:

- mae'n anodd rhagweld peryglon
- mae'n bosibl bod lefel y risg wedi cynyddu ers iddynt symud yno
- maen nhw'n derbyn peryglon fel posibilrwydd anochel
- mae'r manteision o fyw yno yn fwy na'r peryglon posibl
- maen nhw'n methu symud i rywle arall am resymau cymdeithasol, economaidd, diwylliannol neu wleidyddol

Mae canfyddiad pobl o risg yn amrywio am lawer o resymau, fel lefel eu haddysg, diwylliant neu ethnigrwydd, statws cymdeithasol-economaidd a phrofiad blaenorol o ddigwyddiadau peryglus. Mae'r ffactorau hyn yn gallu effeithio ar eu dealltwriaeth, eu paratoadau a'u camau gweithredu yn syth ar ôl digwyddiad peryglus. Yn y tymor hir, bydd eu canfyddiad o lefel y risg yn llywio eu hymateb. Mae trigolion gwledydd mwy cefnog yn gallu ymdopi'n well â chanlyniadau peryglon tectonig fel arfer. Mewn cymdeithasau lle mae lefelau cyfoeth yn amrywio, mae'n bosibl y bydd gwrthdaro yn codi rhwng grwpiau gwahanol wrth i'r ddarpariaeth o ddiogelwch ar gyfer pobl ac eiddo amrywio.

Mae peirianwyr a gwyddonwyr yn cyfrifo risg trwy luosi maint y perygl â'r gost, tra bod gwyddonwyr cymdeithasol yn ystyried risg yn nhermau bregusrwydd (*vulnerability*) a gwydnwch (*resilience*) pobl a chymunedau yn wyneb perygl. Mae bregusrwydd yn ymwneud â pha mor debygol yw rhywun neu rywbeth o gael niwed ac mae gwydnwch yn cyfeirio at y gallu i wrthsefyll niwed neu adfer y sefyllfa.

Mae'r hafaliad risg yn mesur lefel y perygl ar gyfer ardal:

$$\text{risg (R)} = \frac{\text{amlder neu faint y perygl (P)} \times \text{lefel bregusrwydd (B)}}{\text{gallu'r boblogaeth i ymdopi ac addasu (G)}}$$

Mae'r graddau mae pobl yn ofni peryglon neu'n eu derbyn fel rhan naturiol o fywyd (sef **tynghediaeth (fatalism)**) yn dibynnu ar eu dealltwriaeth o lefel y risg; bydd diwylliant a phrofiad lleol yn effeithio ar hyn, tra gall lefelau addysg benderfynu sut mae pobl yn ymateb i berygl. Mae'n bosibl y bydd pobl sy'n ofnus yn symud i rywle sydd, yn eu barn nhw, yn fwy diogel, am gyfnod dros dro o bosibl; bydd y rhai sy'n credu mewn tynged yn aros ac yn derbyn beth bynnag sy'n digwydd. Bydd pobl sy'n byw mewn cymdeithas sydd â'r wybodaeth dechnegol a'r arian i fuddsoddi mewn gwaith paratoi, ac amddiffyn ar gyfer digwyddiadau peryglus yn llai ofnus o'r canlyniadau neu'n llai parod i'w derbyn.

Strategaethau ar gyfer rheoli peryglon tectonig a'u heffeithiolrwydd

Mae'r canfyddiad o risg yn dylanwadu'n rhannol ar reoli peryglon. Nid oedd unrhyw system wedi'i sefydlu i rybuddio gwledydd o gwmpas Cefnfor India adeg tsunami 2004 oherwydd y canfyddiad bod digwyddiadau o'r fath yn llai cyffredin yn y rhanbarth hwnnw. Cafodd system ei mabwysiadu 18 mis yn ddiweddarach ar ôl i dros 220,000 o bobl farw.

Yn Chile yn 2010, cwynodd pentrefwyr fod y rhybudd am y tsunami yn annigonol. Dadansoddiad cost a budd sy'n pennu a ddylid gosod systemau o'r fath, ac mae gwledydd tlotach yn cymryd y risg na fydd digwyddiad sy'n achosi difrod sylweddol yn digwydd. Mae tsunami yn llawer mwy cyffredin yn y Cefnfor Tawel; mae dinasyddion Japan, er enghraifft, yn cael rhybuddion rheolaidd. Mae cysylltiad agos rhwng lefelau paratoi ac ymateb gwlad a'i chyfoeth a'i phrofiad blaenorol. Dangoswyd hyn yn glir yn effeithiau gwahanol daeargrynfeydd Haiti a Chile (Tabl 3, tudalen 43).

Mae tri cham ar gyfer rheoli peryglon tectonig: paratoi, ymateb uniongyrchol ac ymateb mwy tymor hir.

Paratoi

- Storio cyfarpar brys fel pebyll, dŵr glân, cyflenwadau bwyd, offer cymorth cyntaf ac offer chwilio ac achub.
- Hyfforddi gweithwyr arbenigol ar gyfer digwyddiad peryglus.
- Codi ymwybyddiaeth y cyhoedd trwy gynnal ymarferion daeargryn, er enghraifft.
- Gosod systemau rhybudd a chynlluniau gwagio os yw'n bosibl.
- Trefnu yswiriant i ddarparu cyllid i ailadeiladu ar ôl y digwyddiad.
- Sicrhau bod gan gartrefi becynnau brys yn barod yn cynnwys dŵr, bwyd, dillad, tortsh, radio, batris sbâr, cymorth cyntaf, ac ati.

Ymateb uniongyrchol

- Cydgysylltu'r gwaith chwilio ac achub.
- Sefydlu canolfannau derbyn meddygol.
- Sefydlu llety gwahanol a llochesau brys.
- Darparu dŵr glân, coed a chyfleusterau glanweithdra.
- Sefydlu sianeli cyfathrebu.
- Sicrhau bod deiliaid tai a busnesau yn diffodd cyflenwadau nwy er mwyn atal tân.

Ymateb mwy tymor hir

- Codi adeiladau mwy diogel fel rhai sy'n gwrthsefyll daeargrynfeydd trwy ddefnyddio fframiau dur hyblyg, sioc laddwyr, trawstiau croes a gwrthbwysynnau.
- Gwella systemau rhagweld a monitro (ar gyfer gweithgaredd folcanig a pheryglon eilaidd daeargrynfeydd).
- Cynnal cylchfaoedd defnydd tir – defnyddio'r ardaloedd sydd fwyaf agored i niwed ar gyfer adloniant, llecynnau agored neu adeiladau isel.
- Darparu cymorth a chefnogaeth y llywodraeth ar gyfer ailadeiladu.

Mae Ffigur 27 yn fodel o effaith trychineb cyn ac ar ôl iddo ddigwydd. Mae hefyd yn ystyried swyddogaeth cymorth brys ac ailsefydlu.

Cyngor yr arholwr

Ymchwiliwch i'r tsunami ar 11 Mawrth 2011 a ddilynodd y daeargryn lefel 9.0 oddi ar arfordir Japan. Beth oedd canfyddiadau Japan o'r perygl ac a oedd y strategaethau yn ddigonol yn Japan ac mewn lleoedd eraill? Hwn oedd y bumed daeargryn cryfaf i'w gofnodi erioed a bydd yr arholwr yn disgwyl i chi wybod amdano.

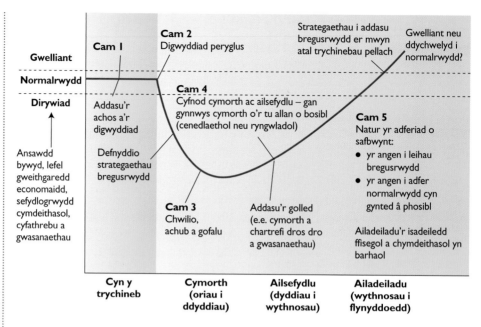

Ffigur 27 Cromlin ymateb i drychineb

Ymateb i ddigwyddiad tectonig

Ar 11 Mawrth 2011 am 14:46 Amser Safonol Japan, cafwyd daeargryn tua 67 km o'r pwynt agosaf i forlin Japan; aeth o leiaf 10 munud heibio cyn i'r tsunami gyrraedd y tir. Am 15:55 Amser Safonol Japan, roedd Maes Awyr Sendai dan ddŵr oherwydd y tsunami. Erbyn hyn, credir bod llawer o fywydau wedi eu hachub oherwydd rhybuddion y System Rhybudd Cynnar ac roedd Asiantaeth Feteorolegol Japan wedi cyhoeddi rhybudd tsunami mawr o leiaf 3 metr o uchder. Roedd yr uchder gwirioneddol yn agos at 10 metr ar adegau, ac wedi gorlifo dros ardal tua 561 km².

Yn syth ar ôl y digwyddiad, aeth llywodraeth Japan ati i drefnu'r Lluoedd Hunanamddiffyn, ac anfonwyd timau chwilio ac achub gan sawl gwlad arall. Cafodd dros 300,000 o bobl eu dadleoli gan y tsunami yn ardal Tohoku, ac roedd prinder bwyd, dŵr, lloches, moddion a thanwydd ar gyfer y bobl a wnaeth oroesi. Derbyniodd Japan gymorth gwerth dros $1 biliwn gan wledydd eraill. Cafodd llochesau mawr eu sefydlu i ddechrau, cyn i unedau llai, dros dro, gymryd eu lle. Llwyddodd yr heddlu i gadw lefelau anhrefn cyhoeddus yn isel, er bod rhywfaint o ysbeilio mewn rhai ardaloedd.

Yn y tymor hir, amcangyfrifir bod yr effaith economaidd, gan gynnwys colli cynhyrchiant diwydiannol a chostau ailadeiladu, gwerth $122 biliwn. Yr effaith fwyaf trawiadol oedd y difrod i atomfa Fukushima a'r gostyngiad yn y cyflenwad i'r grid cenedlaethol; bu'n rhaid i drigolion oedd yn byw o fewn 20 milltir i'r atomfa adael eu cartrefi. Roedd yn bosibl lleihau'r defnydd o drydan trwy gau ffatrïoedd ar ddyddiau penodol, trefnu i ddiffodd y trydan ar adegau penodol a diffodd goleuadau stryd diangen. Aeth y wlad ati'n syth i glirio rwbel yr adeiladau a'r cerbydau a oedd yn weddill ar ôl y tsunami.

Er bod gwledydd cyfoethog fel UDA a Japan yn gallu ymdopi â chanlyniadau trychinebau trwy ddefnyddio eu hadnoddau eu hunain fel arfer, mae gwledydd tlotach yn dibynnu ar gymorth sefydliadau rhyngwladol, elusennau a gwledydd eraill yn y cyfnod yn dilyn digwyddiad peryglus a'r cyfnod ailadeiladu tymor hir. Mae **Pwyllgor Brys Trychinebau** yn cydgysylltu 13 o asiantaethau cymorth dyngarol, gan ddod â sectorau cymorth, corfforaethol, cyhoeddus a darlledu at ei gilydd i

Cyngor yr arholwr

Ymchwiliwch i sut mae Japan wedi adfer ei hun ers daeargryn 2011. Beth oedd y canlyniadau byd-eang?

godi arian i roi cymorth effeithiol ac amserol. Un enghraifft o sefydliad o'r fath yw'r Groes Goch Brydeinig, sy'n ymateb i drychinebau naturiol ochr yn ochr â'r Groes Goch Ryngwladol.

Mae **Strategaeth Ryngwladol y Cenhedloedd Unedig ar gyfer Lleihau Trychineb** (*UNISDR: United Nations International Strategy for Disaster Reduction*) yn ceisio creu cymunedau sy'n gallu gwrthsefyll trychinebau trwy gynyddu ymwybyddiaeth o bwysigrwydd lleihau trychinebau er mwyn cyfyngu ar golledion dynol, cymdeithasol, economaidd ac amgylcheddol o ganlyniad i beryglon naturiol. Mae'n gwneud cyfraniad allweddol weithiau at y gwaith o gydgysylltu gwasanaethau achub a chymorth wrth i bobl a sefydliadau o bedwar ban byd gyrraedd i helpu, gan gynnwys y Frigâd Dân Brydeinig a Médecins Sans Frontières *(MSF)*. Fodd bynnag, cydnabyddir bod cynyddu'r gallu i wrthsefyll peryglon posibl yn fwy cost-effeithiol na thalu am waith clirio ar raddfa fawr wedyn. Un o swyddogaethau allweddol *UNISDR* yw gwella'r paratoadau ar gyfer trychinebau naturiol a gwella'r gallu i wrthsefyll eu canlyniadau.

Mae **rheoli risg integredig** yn nodi peryglon, yn dadansoddi'r risgiau, yn gosod blaenoriaethau ac yn rhoi cynlluniau lleihau risgiau ar waith. Mae'n bosibl rhannu strategaethau ar sail rhagweld, atal ac amddiffyn.

Mae'r peryglon tectonig mae'n bosibl eu **rhagweld** yn cynnwys monitro echdoriadau pan mae arwyddion eu bod yn mynd i ddigwydd a rhoi rhybudd am ganlyniadau eilaidd y daeargrynfeydd, fel tsunami. Er ein bod yn gwybod pa ardaloedd sy'n tueddu i ddioddef daeargrynfeydd, nid yw'n bosibl eu rhagweld eto.

Nid yw **atal** yn opsiwn ar gyfer llosgfynyddoedd neu ddaeargrynfeydd, ar wahân i'r broses o symud pobl o ardaloedd sydd ar fin wynebu echdoriadau folcanig.

Mae **amddiffyn** yn bosibl gan ei fod weithiau'n bosibl rheoli'r digwyddiad er mwyn lleihau'r difrod. Mae cynlluniau llwyddiannus yn cynnwys cloddio ffosydd ac adeiladu rhwystrau artiffisial i leihau effaith llifoedd lafa a lahar, defnyddio dynameit i ddargyfeirio lafa ar lethrau Mynydd Etna yn yr Eidal, ac arllwys dŵr y môr ar lafa i'w galedu yng Ngwlad yr Iâ. Er bod y camau gweithredu hyn yn digwydd ar raddfa lai, maen nhw'n eithaf llwyddiannus.

Mae'n debyg i lawer o bobl Ewrop ddod yn ymwybodol o effaith llosgfynyddoedd ar y gymdeithas fodern am y tro cyntaf oherwydd argyfwng lludw folcanig 2010 ar ôl echdoriad Eyjafjallajökull yng Ngwlad yr Iâ. Y perygl i bobl Gwlad yr Iâ oedd Jokalaup, sef fflachlifoedd sy'n deillio o eira ac iâ yn ymdoddi. Fodd bynnag, ni ddigwyddodd hyn. Mae Ffigur 28 yn dangos lledaeniad y cwmwl lludw ar 10 Mai ac mae'n egluro pam roedd teithiau hedfan i Sbaen a Phortiwgal wedi'u heffeithio ar y diwrnod hwnnw a theithiau hedfan trawsiwerydd wedi'u dargyfeirio, gan ychwanegu hyd at 2 awr i'r teithiau. Yn yr achos hwn, roedd rhaid atal teithiau hedfan am 6 diwrnod yng nghanol mis Ebrill 2010 fel rhan o'r camau amddiffyn. Cafodd y penderfyniad hwn sawl effaith, gan gynnwys:

- cwmnïau hedfan yn colli arian trwy orfod ad-dalu costau teithio a thalu i bobl aros yn hirach mewn cyrchfannau
- meysydd awyr yn colli arian o feysydd parcio, ffioedd glanio ac elw o unedau adwerthu sy'n cael eu rhentu
- awdurdodau treth yn colli arian (treth ymadael)
- adwerthwyr mewn adeiladau meysydd awyr yn colli arian
- effaith absenoldeb pobl o'r gwaith wrth iddynt orfod aros dramor
- ceisiadau a thaliadau yswiriant

Cyngor yr arholwr

Ewch i wefan Arsyllfa Llosgfynydd Montserrat yn **www.mvo.ms/** ac astudiwch sut mae'n monitro Llosgfynydd Bryniau Soufriere yn yr ardal a'i effaith gymdeithasol. Bydd y gwaith ymchwil hwn yn eich helpu i ddeall sut ydym yn byw gyda thrychinebau sydd ar fin digwydd.

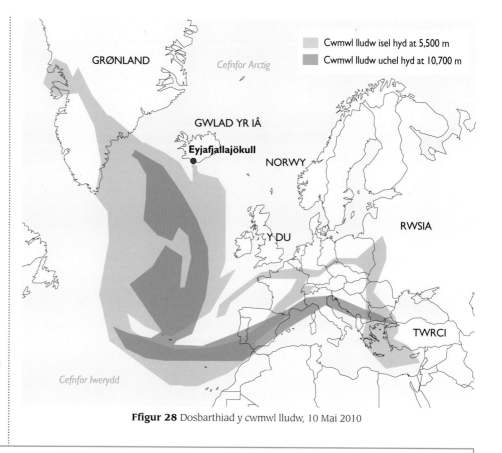

Ffigur 28 Dosbarthiad y cwmwl lludw, 10 Mai 2010

Gwirio gwybodaeth 18
Beth yw Jokalaup?

Map legend:
- Cwmwl lludw isel hyd at 5,500 m
- Cwmwl lludw uchel hyd at 10,700 m

Map labels: GRØNLAND, Cefnfor Arctig, GWLAD YR IÂ, Eyjafjallajökull, NORWY, Y DU, RWSIA, TWRCI, Cefnfor Iwerydd

Crynodeb

- Mae tectoneg platiau yn ymwneud â set o brosesau sy'n gysylltiedig â phlatiau gyda gwahanol fathau o ffiniau.

- Mae'r peryglon sy'n gysylltiedig â gweithgaredd tectonig yn cynnwys tsunami, llifogydd a thirlithriadau. Mae yna effeithiau demograffig, economaidd a chymdeithasol hefyd. Mae'n bosibl astudio'r holl effeithiau ar raddfa leol a rhanbarthol. Mae rhai digwyddiadau yn gallu cael effaith fyd-eang.

- Mae canfyddiadau o beryglon tectonig yn wahanol ymysg y rhai sy'n cael eu heffeithio a'r rhai sy'n byw y tu hwnt i'r ardal sy'n cael ei heffeithio. Mae canfyddiadau yn aml yn llywio polisi sy'n gorfod ystyried buddiannau grwpiau gwahanol.

- Mae strategaethau'n cael eu datblygu yn lleol, yn rhanbarthol, yn genedlaethol ac yn rhyngwladol er mwyn lleihau effeithiau peryglon tectonig.

2.4 Beth yw'r prosesau hydrolegol sy'n gysylltiedig â dalgylchoedd afonydd?

Y system dalgylch afon: mewnbynnau, llifoedd, storfeydd ac allbynnau

Darn o dir sy'n cael ei ddraenio gan afon a'i llednentydd yw dalgylch afon. Mae dŵr a gwaddodion yn cael eu trosglwyddo i lawr y llethr o dir uchel i gefnfor, môr neu lyn. Mae gan y system dalgylch afon fewnbynnau, llifoedd, storfeydd ac allbynnau mesuradwy, a dyma'r rhan o'r gylchred hydrolegol sy'n ymwneud â'r tir (Ffigur 29). Mae'n system agored sy'n cynnwys mewnbynnau o'r atmosffer ac allbynnau i'r atmosffer ac i'r môr, tra bod y gylchred hydrolegol yn system gaeedig.

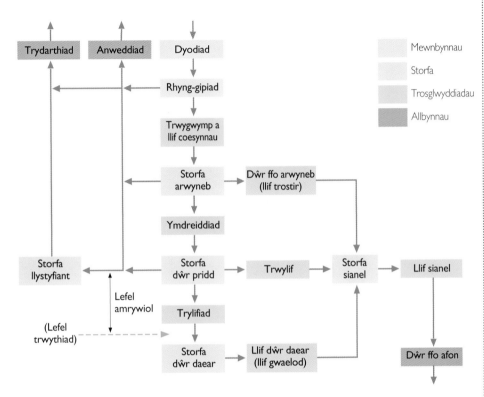

Ffigur 29 Cylchred hydrolegol yn y dalgylch afon

Cyngor yr arholwr

Mae Ffigur 29 yn ddiagram allweddol a dylech ei ddysgu ar eich cof er mwyn gwneud yn siŵr eich bod yn defnyddio'r derminoleg gywir yn yr arholiad.

Mewnbynnau

Y mewnbwn i'r system dalgylch afon yw'r **dyodiad**, sef dŵr ac iâ sy'n disgyn o'r cymylau fel glaw, eira neu genllysg.

Llifoedd

Dyma'r llifoedd (trosglwyddiadau) rhwng storfeydd yn y system dalgylch afon:

- Mae **trwygwymp** a **llif coesynnau** a **diferiad** yn digwydd trwy'r llystyfiant (er enghraifft, wrth redeg i lawr y boncyff ac fel coed yn diferu o ddail ar ôl storm o law).
- Mae **ymdreiddiad** yn digwydd pan mae dŵr sydd uwchben y ddaear yn symud o dan arwyneb y ddaear. Mae cyfradd yr ymdreiddiad yn dibynnu ar faint o ddŵr sydd yn y pridd yn barod, mandylledd a strwythur y pridd, a natur ac ehangder y llystyfiant. Yn dilyn cyfnod hir, sych mae'n bosibl y bydd arwyneb y ddaear yn gras ac yn gymharol anathraidd.
- **Trylifiad** yw pan mae dŵr yn symud i lawr trwy'r pridd a'r graig athraidd.

Mae dŵr hefyd yn llifo tuag at sianeli nentydd ac afonydd o storfeydd arwyneb, pridd a dŵr daear:

- Mae **dŵr ffo arwyneb** neu **lif trostir** yn teithio ar draws arwynebau daear dirlawn neu anathraidd. Mae dŵr ffo arwyneb neu lif trostir yn dibynnu ar allu arwyneb y ddaear i amsugno dŵr.
- **Trwylif** yw pan mae dŵr yn symud trwy'r pridd tua'r arwyneb, gan ddod allan yn aml ar ochrau dyffrynnoedd i ffurfio tarddellau.
- **Llif dŵr daear** neu **lif gwaelod** yw pan mae dŵr yn symud trwy'r creigiau tua'r arwyneb.

Mewn hinsoddau poeth, gall dŵr gael ei dynnu tuag i fyny trwy'r pridd oherwydd **effaith gapilari**.

Gwirio gwybodaeth 19

Beth yw'r gwahaniaeth rhwng system agored a system gaeedig?

Storfeydd

Mae storfeydd yn cynnwys y canlynol:

- **Rhyng-gipiad,** pan mae llystyfiant ac arwynebau eraill uwchben y ddaear yn dal dyodiad sy'n disgyn. Gall rhyng-gipiad gan lystyfiant gael gwared â hyd at 30% o'r dŵr o'r system. Gall dŵr anweddu yma neu barhau i ddisgyn i'r ddaear.
- **Storfa arwyneb**, sy'n cynnwys unrhyw gorff o ddŵr, o bwll bach i lyn mawr.
- **Storfa dŵr pridd**, sy'n hanfodol ar gyfer tyfiant planhigion.
- **Storfa dŵr daear** mewn creigiau athraidd. Yr enw ar storfeydd mawr o ddŵr daear yw dyfrhaenau, ac arwyneb y dŵr tanddaearol hwn yw'r lefel trwythiad. Mae dŵr sy'n cael ei storio yn y ddaear yn casglu uwchben craig anathraidd mewn craig a phridd mandyllog i greu cylchfa ddirlawnder.

Cyngor yr arholwr

Mae'n rhaid i chi allu diffinio'r holl dermau hyn, gan eu bod yn hollbwysig i ddeall y gylchred hydrolegol.

Mae **sianel yr afon** yn storfa hefyd, ac mae'n cyfuno'r dŵr sy'n llifo i mewn iddi o'r arwyneb, y pridd a'r ddaear. Mae'r dŵr yn llifo yn y sianel wedyn i ffurfio **dŵr ffo afon** neu arllwysiad. Mae'n bosibl priodoli tua 5% o'r holl ddyodiad i 'ddalfa sianel' – glaw yn disgyn yn uniongyrchol i'r afon.

Allbynnau

Yr allbynnau yw:

- **dŵr ffo afon** wrth i ddŵr gael ei gludo dros y tir i'r môr
- **anweddiad** wrth i ddŵr newid i anwedd dŵr
- **trydarthiad**, sef lleithder yn anweddu trwy'r stomata ar arwyneb dail

Mae'n anodd mesur anweddiad a thrydarthiad yn unigol, felly maen nhw'n cael eu cyfuno'n aml fel **anwedd-drydarthiad**.

Cyllideb dŵr

Mae'r cydbwysedd rhwng y mewnbynnau a'r allbynnau dŵr yn cael ei ddisgrifio fel cyllideb dŵr neu gydbwysedd dŵr. Mae'n hawdd mesur dŵr ffo afonydd a dyodiad, sy'n golygu ei bod yn bosibl amcangyfrif anwedd-drydarthiad a newidiadau i storfeydd trwy ddefnyddio'r fformiwla:

$$Q = D - A \pm \Delta S$$

lle Q yw dŵr ffo afonydd, D yw dyodiad, A yw anwedd-drydarthiad ac ΔS yw newid i'r storfa.

Mae'r gyllideb dŵr yn newid drwy'r flwyddyn, fel mae Ffigur 30 yn ei ddangos ar gyfer ardal yn ne Cymru.

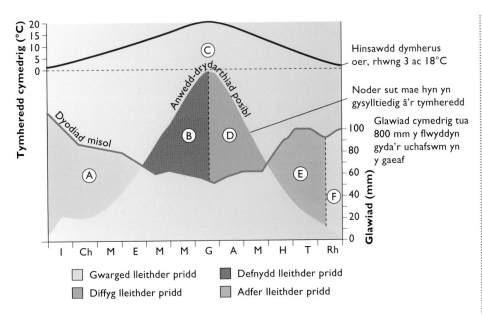

Ffigur 30 Graff cyllideb dŵr ar gyfer ardal oer, dymherus yn ne Cymru

Ym mhwynt **A** mae dyodiad yn fwy nag anwedd-drydarthiad posibl. Mae'r storfa ddŵr yn y pridd yn llawn, felly mae digon o leithder ar gyfer planhigion, ar gyfer dŵr ffo i afonydd ac ar gyfer adfer neu ail-lenwi'r cyflenwad dŵr daear.

Ym mhwynt **B** mae anwedd-drydarthiad posibl yn fwy na dyodiad ac mae planhigion yn dibynnu ar ddŵr daear wedi'i storio. Mae'r storfa yn lleihau'n raddol.

Ym mhwynt **C** mae'r colledion trwy anwedd-drydarthiad a defnydd planhigion wedi defnyddio'r holl ddŵr daear sydd wedi'i storio. Os yw'r ardal yn cael ei defnyddio ar gyfer cnydau, mae angen ei dyfrhau er mwyn cynnal twf planhigion. Yn aml iawn bydd stormydd yn arwain at lif trostir dros y tir caled, cras. Os yw ymdreiddiad yn bosibl, bydd dŵr yn trylifo i'r ddaear.

Ym mhwynt **D** mae diffyg lleithder pridd parhaol ac mae'n rhaid i blanhigion addasu er mwyn goroesi. Mae addasu yn digwydd dros gyfnod hir o amser. Mae dyfrhad yn hanfodol er mwyn cynnal cnydau.

Ym mhwynt **E** mae dyodiad yn fwy na'r anwedd-drydarthiad posibl. Mae'r storfa dŵr pridd yn dechrau ail-lenwi eto. Weithiau mae cyfnodau o sychder yn parhau ac nid yw'r storfa yn ail-lenwi.

Ym mhwynt **F** mae'r storfa dŵr pridd yn llawn ac mae'r cae wedi cyrraedd ei **derfyn o ddŵr**. Bydd dŵr dros ben yn trylifo i mewn i'r storfa dŵr daear.

Mewn ardaloedd â hinsoddau gwahanol, bydd y berthynas rhwng dyodiad, tymheredd ac anwedd-drydarthiad posibl yn newid y drefn uchod.

Gwirio gwybodaeth 20
Beth yw'r gwahaniaeth rhwng trwylif, trylifiad ac ymdreiddiad?

Nodweddion patrymedd afonydd a'r ffactorau ffisegol a dynol sy'n dylanwadu arnynt

Mae amrywiadau mewn dŵr ffo neu arllwysiad afonydd dros gyfnod o flwyddyn yn cael eu disgrifio fel **patrymedd afonydd**. Mae'r rhain yn cael eu dangos gan hydrograffau blynyddol sy'n dangos arllwysiad afonydd, fel arfer mewn metrau ciwbig yr eiliad neu ciwmecs. Mae Ffigur 31 yn dangos patrymedd afon Tafwys.

Mae sawl ffactor yn dylanwadu ar batrymedd afonydd, gan gynnwys hinsawdd, daeareg, defnydd tir a rheolaeth afonydd.

Gwnewch yn siŵr eich bod yn gwybod am batrymedd o leiaf un dalgylch afon a'r ffactorau sy'n dylanwadu arno. Os ydych chi'n gallu gwneud gwaith maes, dylech gysylltu eich canfyddiadau â'r theori. Bydd hyn yn gwella eich dealltwriaeth yn sylweddol ac yn eich helpu i ddysgu am afonydd ar gyfer yr arholiad.

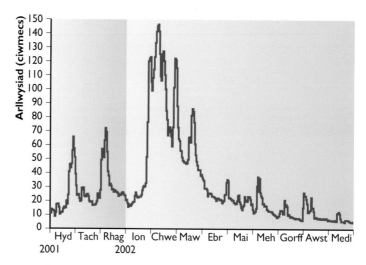

Ffigur 31 Patrymedd blynyddol afon Tafwys yn Reading, 2001–02

Hinsawdd

Mae cyfaint arllwysiad afon yn dibynnu ar yr hinsawdd. Mae afonydd mewn amgylcheddau llaith yn cael eu bwydo gan lif cyson o ddŵr daear ac mae ganddyn nhw batrymedd **llif parhaol**. Mewn hinsoddau sychach, mae'n bosibl na fydd digon o ddŵr i gynnal llif y sianel, ac mae'r afonydd hyn yn cael eu disgrifio fel afonydd **llif ysbeidiol** oherwydd eu bod yn rhedeg yn sych weithiau. Yn yr ardaloedd sychaf, gall sianeli gael eu bwydo gan fflachlifoedd achlysurol ac mae ganddyn nhw batrymedd **llif dros dro**.

Os oes gan yr ardal dymhorau gwlyb a sych amlwg, fel hinsawdd monsŵn, mae hyn yn cael ei adlewyrchu ym mhatrymedd yr afon a allai orlifo yn ystod y tymor glaw. Mae patrymedd afonydd sy'n cael eu bwydo gan eira a dŵr tawdd rhewlifol yn dangos brigau a gwaelodlinau amlwg yn eu hydrograffau blynyddol. Mae anwedd-drydarthiad yn uwch yn yr haf na'r gaeaf os oes gwahaniaeth tymhorol sylweddol yn y tymheredd drwy'r flwyddyn. Mae hyn hefyd yn effeithio ar faint o ddŵr sydd ar gael ar gyfer llif sianel.

Daeareg

Mae'r creigiau o dan ddalgylch afon yn gallu dylanwadu ar ei hydroleg hefyd. Gall creigiau **athraidd** fod yn:
- fandyllog, h.y. mae tyllau agored yn y graig (e.e. tywodfaen a sialc)
- hydraidd, h.y. mae'r dŵr yn gallu teithio trwy grac neu hollt yn y graig (e.e. calchfaen)

Mae gwenithfaen a basalt yn **anathraidd** felly dim ond trwy doriadau mewn creigiau o'r fath mae dŵr yn gallu teithio. Bydd systemau afonydd sy'n llifo dros greigiau anathraidd yn fwy tebygol o orlifo oherwydd bod llai o storfa ar gyfer dŵr daear, tra bod afonydd sy'n llifo dros greigiau athraidd yn fwy tebygol o sychu yn ystod cyfnodau o sychder wrth i ddŵr gael ei storio yn y graig.

Defnydd tir

Mae gweithgarwch dynol yn gallu newid patrymedd afonydd mewn sawl ffordd. Mae presenoldeb neu absenoldeb coedwigaeth yn pennu lefel y rhyng-gipiad ac yn effeithio ar faint o amser mae'n ei gymryd i fewnbwn o ddyodiad weithio trwy'r system a chyrraedd sianel yr afon.

Mae arferion ffermio hefyd yn dylanwadu ar batrymedd. Yn y gorffennol roedd ffermwyr y DU arfer gadael gweddillion eu cnydau ar y caeau i glymu'r pridd. Bydden nhw'n aredig y caeau tua diwedd y gaeaf ac yn hau cnydau yn y gwanwyn. Erbyn hyn, mae cnydau'r gaeaf sy'n cael eu hau tua diwedd yr hydref yn golygu bod caeau yn gymharol foel yn ystod misoedd gwlypach y gaeaf, sy'n lleihau rhyng-gipiad ac yn cynyddu dŵr ffo'r arwyneb. Mae hyn yn arwain at fwy o arllwysiad ac yn cynyddu'r risg o lifogydd.

Mae ffermwyr yn defnyddio dŵr ar gyfer dyfrhau. Mewn rhai rhannau o'r byd mae hyn wedi cael effaith sylweddol ar y cyfaint o ddŵr sy'n cael ei storio mewn dyfrhaenau ac ar lefel y llif gwaelodol.

Mewn ardaloedd trefol, mae afonydd yn cael eu rheoli'n fwy dwys er mwyn atal llifogydd a manteisio ar yr adnoddau dŵr. Gall datblygiad arwynebau anathraidd a draeniau llifogydd gynyddu arllwysiad afonydd.

Rheoli afonydd

Adeiladu argae sy'n cael yr effaith fwyaf ar batrymedd afon. Ar ôl i argae gael ei adeiladu, mae llif dŵr i lawr yr afon yn cael ei reoli ac anaml iawn mae'n cael ei effeithio gan amrywiadau tymhorol mewn dyodiad neu ddŵr tawdd. Mae pobl hefyd yn effeithio ar arllwysiad trwy newid y sianel: mae sythu ystumiau afon, gwneud y sianel yn ddyfnach a'i throi'n gamlas yn cynyddu'r cyflymder. Mae pob dull o reoli afon yn effeithio ar hydroleg yr afon.

Nodweddion hydrograffau llifogydd a'r ffactorau ffisegol a dynol sy'n dylanwadu arnynt

Mae cyfaint arllwysiad afon yn amrywio mewn rhannau gwahanol o'r dalgylch afon am lawer o resymau, ac mae'n bosibl defnyddio hydrograff llif neu storm i ddangos hyn. Mae Ffigur 32 yn dangos amrywiadau mewn arllwysiad afon yn sgil un digwyddiad glawiad.

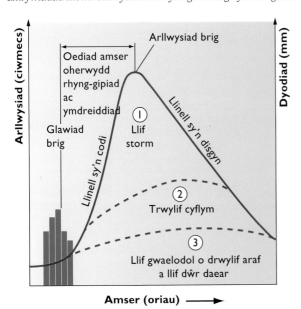

Allwedd

1 Mae dŵr ffo o lif trostir uniongyrchol, neu ddyodiad sianel, yn cyrraedd y nant yn gyflym iawn ac yn cynyddu arllwysiad yn gyflym

2 Mae'r trwylif yn arafach, ond er hynny mae'n effeithio ar y llinell sy'n codi. Mae hefyd yn cyfrannu at yr afon ar ôl i'r llif storm orffen

3 Efallai na fydd y llif gwaelodol yn cyrraedd tan 20–30 awr ar ôl i'r storm ddigwydd, gan fod rhaid i'r dŵr ymdreiddio i mewn i'r system o'r dyfnder islaw

Ffigur 32 Hydrograff storm

Gwirio gwybodaeth 21

Beth yw'r gwahaniaeth rhwng llifoedd parhaol, ysbeidiol a dros dro?

Gwirio gwybodaeth 22

Beth yw rhyng-gipiad?

Cyngor yr arholwr

Dylech allu ail-greu'r diagram hwn mewn arholiad oherwydd mae'n allweddol i ddeall llifogydd.

Mae hydrograffau llifogydd yn dangos glawiad fel histogram ac arllwysiad fel graff llinell. Yr enw ar y pellter rhwng y **glawiad brig** a'r **arllwysiad brig** yw **oediad amser**. Mae'n mesur faint o amser mae'n ei gymryd i'r dŵr gyrraedd sianel yr afon. Mae daeareg waelodol, llystyfiant a defnydd tir yn gallu effeithio ar hyn, yn ogystal â siâp a maint y dalgylch afon (Tabl 4).

Tabl 4 Cymharu hydrograffau

Ffactor	Oediad amser byr, brig uchel, llinell sy'n codi'n serth	Oediad amser hir, brig isel, llinell sy'n codi'n raddol
Siâp yr hydrograph	Yn cael ei ddisgrifio fel '**fflachlif**'.	Yn cael ei ddisgrifio fel '**gwastad**'.
Tywydd	• Storm ddwys gyda glawiad trwm, yn disgyn yn gyflymach na'r gyfradd ymdreiddio.	• Glawiad rheolaidd, llai nag uchafswm ymdreiddiad arwyneb y ddaear.
Hinsawdd	• Dŵr eira cyflym oherwydd tymheredd sy'n codi'n gyflym. • Anweddiad isel oherwydd tymheredd is.	• Dŵr eira araf oherwydd tymheredd is neu ddiffyg eira. • Anweddiad uchel oherwydd tymheredd uwch.
Daeareg	• Llai athraidd, gwenithfaen, llechfaen. • Ychydig o storfa dŵr daear.	• Mwy athraidd, tywodfaen, sialc. • Mwy o storfa dŵr daear.
Pridd	• Priddoedd clai llai athraidd. • Cyfradd ymdreiddio araf.	• Priddoedd tywodlyd mwy athraidd. • Cyfradd ymdreiddio gyflym.
Tirwedd	• Llethrau serth sy'n achosi dŵr ffo arwyneb cyflym ac ychydig iawn o ymdreiddio a thrylifo.	• Llethrau llai serth cymharol wastad, sy'n achosi dŵr ffo arwyneb araf, neu ddim dŵr ffo arwyneb, a mwy o ymdreiddio a thrylifo.
Geometreg dalgylchoedd	• Yn llai o ran maint, yn grwn. • Sawl nant fach yn bwydo'r system afon.	• Yn fwy o ran maint, yn hirgul. • Llai o nentydd bach yn bwydo'r system afon.
Gorchudd llystyfiant	• Moel neu heb fod yn drwchus. • Coedwig gollddail yn y gaeaf. • Wedi'i ddatgoedwigo. • Ychydig iawn o ryng-gipiad, os o gwbl.	• Trwchus. • Coedwig gollddail yn yr haf neu goedwig fythwyrdd. • Rhyng-gipiad uchel.
Amodau blaenorol (yn bodoli o'r blaen)	• Dalgylch afon gwlyb oherwydd glawiad blaenorol, lefel trwythiad uchel a phriddoedd dirlawn. • Ychydig iawn o ymdreiddio neu drylifo.	• Dalgylch afon sych, lefel trwythiad isel a phriddoedd annirlawn. • Ymdreiddio a thrylifo uchel.
Arwyneb tir	• Gwlyb (merddwr (*standing water*) o bosibl) neu sych (wedi'i grasu'n galed o bosibl ar ôl cyfnod hir, sych). • Llai o ymdreiddio.	• Llaith a mandyllog – gan arwain at ymdreiddio cyflym.
Defnydd tir	• Ffermio âr. • Trefol. • Llai o ryng-gipio ac ymdreiddio.	• Ffermio bugeiliol. • Gwledig. • Mwy o ryng-gipio ac ymdreiddio.
Trefoli	• Dwysedd poblogaeth uchel, ardaloedd mawr wedi'u gorchuddio â tharmac ac adeiladau. • Llai o ymdreiddio.	• Dwysedd poblogaeth isel, yn wledig yn bennaf heb lawer o darmac neu adeiladau. • Ymdreiddiad uchel.

2.5 Beth yw achosion a chanlyniadau llifogydd?

Mae llifogydd yn digwydd pan fydd cyfaint glawiad neu ddŵr eira yn fwy nag uchafswm system y dalgylch afon ac mae'r dŵr dros ben yn gorlifo dros y tir (Tabl 5). Mae llifogydd yn berygl naturiol sy'n effeithio ar bobl a'r amgylchedd. O ganlyniad i adeiladu ar orlifdiroedd mae bron 5 miliwn o bobl a thros 2.3 miliwn o gartrefi yng Nghymru a Lloegr mewn perygl o lifogydd gan afonydd neu'r arfordir. Mae newid hinsawdd yn cynyddu'r risg o lifogydd oherwydd y cynnydd yn lefel y môr a stormydd mwy difrifol. Rhwng Gorffennaf a Hydref 2011, achosodd glawiad monsŵn eithriadol yng Ngwlad Thai lifogydd dinistriol **dros 33% o'r wlad** ar hyd glannau afon Chao Phraya, gan effeithio ar 8 miliwn o bobl a dinistrio swyddi 50,000 o weithwyr diwydiannol.

Cyngor yr arholwr

Mae angen astudiaethau achos cyfoes arnoch i gefnogi eich atebion yn yr arholiad. Defnyddiwch wefannau newyddion fel gwefan y BBC i ymchwilio i lifogydd wrth iddynt ddigwydd. Ysgrifennwch nodiadau ar achosion a chanlyniadau digwyddiadau llifogydd ac ystyriwch sut gellir lleihau'r risg o lifogydd.

Tabl 5 Mathau o lifogydd a'u hachosion

Mathau o lifogydd	Achosion llifogydd	Enghreifftiau
Llifogydd afonol – afon yn gorlifo pan fydd arllwysiad yn fwy nag uchafswm sianel yr afon.	Mae llifogydd afonol yn digwydd naill ai ar ôl cyfnod hir o lawiad cyson dros ardal eang, neu oherwydd eira neu iâ yn ymdoddi'n gyflym, neu oherwydd digwyddiad glaw trwm lleol fel storm fellt a tharanau yn yr haf.	Ym mis Gorffennaf 2007, syrthiodd dros 150 mm o law dros Gymru, gorllewin Lloegr a rhannau o'r Alban – dwy neu dair gwaith yn fwy na'r glawiad cyfartalog. Cafodd Tewkesbury yn nyffryn Hafren isaf 80–90 mm o law ar 20 Gorffennaf, a oedd yn gyfwerth â bron 2 fis o law mewn 1 diwrnod. Arweiniodd hyn at lifogydd helaeth. Roedd llifogydd yn Cumbria ym mis Tachwedd 2009 – syrthiodd dros 300 mm o law mewn 24 awr gan achosi llifogydd difrifol yn Cockermouth wrth i'r afonydd Derwent a Cocker orlifo.
Fflachlifoedd neu lifogydd dŵr wyneb yn dilyn storm ddifrifol (cyfeirir at y rhain fel llifogydd glawog weithiau am eu bod yn digwydd oherwydd glawiad gormodol).	Glawiad gormodol a mwy lleol sy'n ffoi oddi ar yr arwyneb ac yn cronni mewn ardaloedd isel pan na fydd y pridd yn gallu amsugno rhagor o ddŵr oherwydd ei fod mor ddirlawn. Mae arwynebau anathraidd mewn ardaloedd trefol yn gallu cyfrannu at hyn.	Yn Boscastle, Cernyw ym mis Awst 2004, cafwyd fflachlifoedd yn dilyn storm ddifrifol pan syrthiodd 185 mm o law dros y tir uchel gerllaw (24 mm mewn 15 munud). Cododd lefelau'r afonydd 2 m mewn 1 awr, gorlifodd y glannau ac ysgubwyd ceir allan i'r môr. Cafodd ton 3 m o uchder, a oedd wedi'i dal yn ôl gan falurion o dan y bont, ei rhyddhau yn sydyn a hyrddiodd i lawr y brif ffordd. Cafwyd llawer o ddŵr ffo oherwydd ochrau serth y dyffryn a'r tir dirlawn.
Llifogydd dŵr daear	Os yw glawiad yn parhau am gyfnod hir, mae lefel y trwythiad yn codi i'r arwyneb gan achosi llif trostir. Gall y math hwn o lifogydd barhau am ddyddiau neu wythnosau.	Yn 2001, bu cartrefi basn y Somme yn Ffrainc o dan 2 m o ddŵr am 2 fis. Cafodd dros 600 o gartrefi a 200 o fusnesau eu heffeithio gan lifogydd yn Lewes, Dwyrain Sussex ym mis Hydref 2000. Pan gafwyd storm ddifrifol ar ôl 3 diwrnod o law, bu llifogydd lleol gan fod y tir yn llawn dŵr a gorlifodd draeniau'r dref. Roedd adeiladu ar y gorlifdir ac arferion amaethyddol amhriodol wedi cynyddu'r risg o lifogydd yn yr ardal.
Llifogydd yn dilyn methiant argae	Os yw cynllun yr argae'n wallus, y deunyddiau adeiladu yn heneiddio, neu broses naturiol fel daeargryn neu dirlithriad yn digwydd, gall hyn ryddhau llawer o ddŵr sy'n symud yn gyflym.	Ym mis Mehefin 2007, bu'n rhaid i 700 o bobl adael eu cartrefi ac fe gaewyd rhan o draffordd yr M1 pan oedd tri phentref o dan fygythiad oherwydd methiant argae Ulley yn ne Swydd Efrog. Bu farw 17 o bobl yn Eryri yn 1925 pan dorrodd argae newydd Coedty ar ôl i 660 mm o law ddisgyn mewn 5 diwrnod. Nid oedd sylfeini'r argae wedi'u hadeiladu'n ddigon da.

Nodweddion ffisegol a dynol dalgylch afon sy'n achosi llifogydd

Mae afonydd yn ddefnyddiol i bobl oherwydd eu bod yn darparu llwybrau cludiant naturiol ac yn cyflenwi dŵr ar gyfer defnydd domestig, diwydiannol ac amaethyddol. Mae bron pob dinas fawr yn y byd wedi'i lleoli wrth ymyl afon fawr neu aber. Fodd bynnag, mae afonydd sy'n gorlifo yn gallu achosi difrod a dinistr ac mae'n rhaid deall sut mae systemau dalgylchoedd afonydd yn gweithredu er mwyn eu rheoli'n effeithiol.

Mae dalgylch afon sydd fel rheol â hydrograff fflachlif yn fwy tebygol o orlifo. Mae arwynebau tir anathraidd yn rhwystro ymdreiddiad ac mae dŵr yn gorfod llifo dros y tir. Mae priddoedd dirlawn neu anathraidd a daeareg hefyd yn cyfyngu ar ymdreiddiad ac yn cael yr un effaith. Mae dŵr ffo arwyneb sy'n deillio o ganlyniad i hyn yn cael ei gadw o fewn sianeli'r afon fel arfer oni bai fod y mewnbwn o lawiad dwys yn ormod i'r sianel.

Mae newidiadau mewn defnydd tir fel datgoedwigo, arferion ffermio âr sy'n cael eu cynllunio'n wael neu drefoli hefyd yn cynyddu'r posibilrwydd o lifogydd. Mae unrhyw weithgaredd sy'n lleihau rhyng-gipiad yn dileu storfa bwysig yn y gylchred hydrolegol (h.y. arwynebau dail) a fyddai'n arafu symudiad dŵr trwy'r system fel arall.

Mae rhai arferion ffermio yn cynyddu lefelau dŵr ffo:
- aredig i fyny ac i lawr y llethr yn hytrach na dilyn y cyfuchlinau
- plannu cnydau gaeaf sy'n gadael caeau'n wag trwy gydol y gaeaf
- clirio coetiroedd a pherthi
- gadael i waddodion a llystyfiant flocio draeniau a ffosydd

Fodd bynnag, trefoli a diwydiannu sy'n cael yr effaith fwyaf ar hydroleg dalgylchoedd afonydd gan fod hyn yn newid arwyneb y tir bron yn gyfan gwbl ac yn rheoli systemau afonydd. Mae dŵr yn adnodd ar gyfer cartrefi, masnach a diwydiant ac mae'n cael ei storio mewn cronfeydd dŵr, ei drin, ei ddefnyddio a'i ailgylchu i fodloni'r anghenion hyn. Ar yr un pryd, mae afonydd yn cael eu rheoli i hwyluso cludiant ac atal llifogydd (Ffigur 33).

Gwirio gwybodaeth 23

Beth yw hydrograff fflach?

Cyngor yr arholwr

Ymchwiliwch i fflachlifoedd Bournemouth ar 18 Awst 2011 a dysgwch y manylion – yr achosion a'r canlyniadau. Maen nhw'n enghraifft dda iawn o fflachlifoedd mewn ardal drefol a gall y wybodaeth fod yn ddefnyddiol yn yr arholiad.

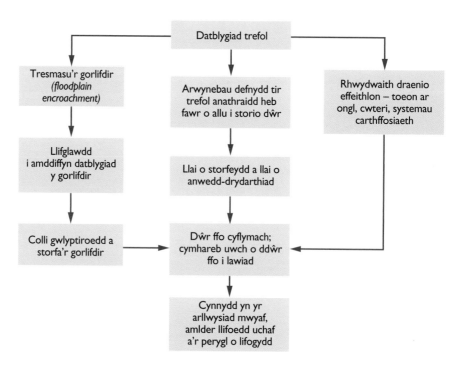

Ffigur 33 Effaith datblygiad trefol ar ddŵr ffo

Pwysigrwydd cymharol y ffactorau hyn mewn gwahanol ddigwyddiadau llifogydd

Astudiaeth achos: llifogydd yn Lloegr, 2007

Misoedd Mai, Mehefin a Gorffennaf 2007 oedd y gwlypaf ers dechrau cadw cofnodion yn 1766. Cafodd Cymru a Lloegr dros ddwywaith yn fwy na'u glawiad arferol, gan arwain at lifogydd difrifol mewn sawl rhan o'r wlad. Roedd dau ddigwyddiad mawr o lifogydd: y cyntaf yn Swydd Efrog tua diwedd mis Mehefin a'r ail yn Swydd Gaerloyw tua diwedd mis Gorffennaf, a chafodd sawl lle arall ei effeithio'n llai difrifol. Digwyddodd y llifogydd o ganlyniad i lawiad uchel iawn ar 24 a 25 Mehefin ac 19 ac 20 Gorffennaf wedi patrwm tywydd anarferol. Achoswyd hyn gan **jetlif y ffrynt pegynol**, sy'n dylanwadu ar ddatblygiad a symudiad y systemau tywydd sy'n dod â glaw i'r DU. Roedd yn symud i'r de o'r DU yn ystod y rhan fwyaf o'r haf yn 2007 yn hytrach nag i'r gogledd, sy'n digwydd fel arfer (Ffigur 34). Roedd tymheredd arwyneb-môr Gogledd Iwerydd hefyd yn anarferol o uchel, gan gynyddu anweddiad a ffurfiant cymylau.

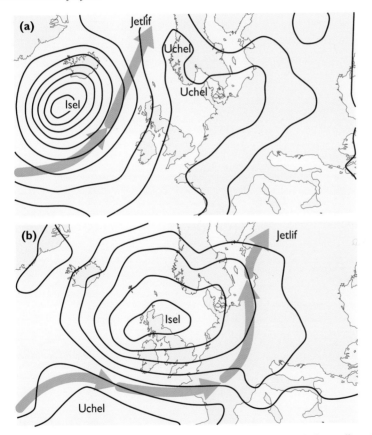

Ffigur 34 Safleoedd cymharol jetlif y ffrynt pegynol: (a) Gorffennaf 2006, (b) Gorffennaf 2007

Cyfaint y glawiad yw'r prif ffactor sy'n penderfynu a yw llifogydd yn digwydd. Mae afonydd yn gorlifo pan nad yw'r pridd, y ddaear a sianeli'r afon yn gallu storio lefelau gormodol o ddŵr. Fel arfer yn yr haf, mae lefelau afonydd, lleithder y pridd a dŵr daear yn isel, a bydd storfeydd y ddaear a'r pridd yn gallu amsugno glawiad trwm. Roedd cyfanswm dŵr ffo afonydd Cymru a Lloegr ym Mehefin a Gorffennaf 2007 ymhell dros dair gwaith yn fwy na'r cyfartaledd tymor hir.

Mae llifogydd dŵr wyneb yn digwydd pan fydd dwysedd y glaw yn fwy na'r gyfradd ymdreiddiad neu pan fydd arwynebau yn anathraidd. Mewn ardaloedd trefol, nid yw glawiad sydyn a dwys yn gallu draenio mor gyflym ag y mae'n gallu gwneud mewn ardaloedd gwledig lle mae'r pridd yn agored. Effeithlonrwydd y system ddraenio artiffisial sy'n penderfynu pa mor gyflym mae'r dŵr yn cael ei drosglwyddo o'r arwyneb i sianeli dŵr. Roedd y tywydd yn arbennig o wlyb ym mis Mai ac ar ddechrau mis Mehefin 2007, felly roedd lefelau afonydd, dŵr daear a lleithder pridd eisoes yn uchel pan ddaeth y glaw mawr ar ddiwedd Mehefin a Gorffennaf. Nid oedd y systemau draenio trefol yn gallu ymdopi â'r cyfaint gormodol o ddyodiad, a dyma oedd achos y llifogydd.

Digwyddiad llifogydd mis Mehefin

Roedd y ddaear yng ngogledd Lloegr yn ddirlawn yn dilyn glawiad trwm a stormydd mellt a tharanau difrifol yng nghanol mis Mehefin, ac nid oedd llawer o storfa naturiol ar ôl pan gafwyd mwy o law trwm 10 diwrnod yn ddiweddarach. Roedd y glaw a syrthiodd mewn ardaloedd o Weunydd Gogledd Efrog (*North York Moors*) a de'r Pennines bedair gwaith yn fwy na'r cyfartaledd ar gyfer mis Mehefin. Caeodd is-orsaf drydan Neepsend yn Sheffield ac roedd 40,000 o bobl heb gyflenwad trydan. Cafodd argae cronfa ddŵr Ulley ger Rotherham ei ddifrodi ac roedd mewn perygl o ddymchwel oherwydd pwysau'r dŵr ychwanegol; bu'n rhaid i 1,000 o bobl adael eu cartrefi mewn pentrefi cyfagos ac roedd yr M1 ar gau am 40 awr.

Hull: fflachlifoedd

Cafodd Hull yn Nwyrain Swydd Efrog 487% o lawiad cyfartalog ar gyfer yr ardal – cyfanswm o 256.3 mm. Ar ddydd Sul 24 Mehefin, cyhoeddodd y Swyddfa Dywydd rybudd tywydd a sefydlwyd ystafell digwyddiadau llifogydd 24 awr ar gyfer ardaloedd Dyffryn Efrog a'r Ridings. Roedd lefelau'r afonydd lleol yn uchel a chododd lefelau dŵr daear yn y Wolds 10 m mewn 24 awr. Ar 25 Mehefin 2007, symudodd diwasgedd araf a chynyddol ddwfn ar draws gogledd Lloegr, gan ddod â glaw trwm cyson i Swydd Lincoln, Swydd Efrog a Chanolbarth Lloegr. Cafodd Hull 96 mm o law mewn 24 awr ac arddwysedd glaw dros 6 mm yr awr rhwng 8 a.m. a 5 p.m. Nid oedd y system ddraenio yn gallu ymdopi â'r cyfaint enfawr o ddŵr. Cafwyd fflachlifoedd difrifol a effeithiodd ar 7,800 o gartrefi. Cafodd tua 10,000 o gartrefi eu gwagio, gan effeithio ar 35,000 o bobl, a difrodwyd 95% o'r ysgolion. Cafodd dros 1,300 o fusnesau eu heffeithio, a bu'n rhaid i gyrsiau golff, canolfannau hamdden, y cae ras a theatrau gau dros dro. Amcangyfrifwyd bod y costau atgyweirio yn fwy na £200 miliwn.

Mae safle daearyddol isel Hull yn golygu bod y ddinas yn fwy agored i niwed oherwydd llifogydd. Mae dros 90% o'r ardal yn is na lefel y llanw uchel ac mae rhannau helaeth o'r ddinas wedi'u hadeiladu ar orstir adferedig. Mae'r ardal yn arbennig o agored i niwed o fflachlifoedd gan fod y dulliau draenio naturiol yn gyfyngedig. Mae system ddraenio Hull yn dibynnu'n gyfan gwbl ar bwmpio er mwyn cael gwared â dŵr. I ddechrau credwyd bod y gylïau wedi blocio (y draeniau a oedd yn arwain at y carthffosydd) a bod hyn wedi cyfrannu at y llifogydd dŵr wyneb, ond wedyn daeth i'r amlwg nad oedd hynny'n wir. Y casgliad yn y diwedd oedd nad oedd system ddraenio'r ddinas yn gallu ymdopi â chyfaint y dyodiad, gan arwain at lifogydd. Ni wnaeth unrhyw afon na nant yn Hull orlifo ac eithrio Setting Dyke yng ngorllewin y ddinas – ni wnaeth afon Hull orlifo o gwbl.

Digwyddiad llifogydd mis Gorffennaf

Cafodd Bryniau Malvern a Bryniau Cotswold bron bedair gwaith yn fwy o law na'r cyfanswm cyfartalog ar gyfer mis Gorffennaf. Erbyn diwedd Gorffennaf roedd lefel y storfeydd pridd yn debyg i lefelau arferol diwedd gaeaf gan fod y ddaear yn ddirlawn o hyd yn dilyn glaw y mis blaenorol. Arweiniodd glaw trwm iawn ar 19 ac 20 Gorffennaf at lifogydd difrifol pan symudodd diwasgedd dwfn yn araf i'r gogledd o gyfeiriad de-ddwyrain Lloegr. Roedd y glaw trymaf yn Swydd Warwick, Swydd Gaerwrangon, Swydd Gaerloyw, Swydd Henffordd, Swydd Amwythig a Swydd Rydychen. Ar 20 Gorffennaf, cafodd ardal Caerloyw un a hanner gwaith yn fwy o law na chyfanswm cyfartalog mis Gorffennaf mewn 1 diwrnod yn unig, gan arwain at lifogydd eang. Mae afon Teme yn ymuno ag afon Hafren ychydig i'r de o Gaerwrangon, ac mae afon Avon yn ymuno â'r afon Hafren yn Tewkesbury. Roedd arllwysiad y tair afon ym Mehefin a Gorffennaf 2007 yn 434% (Teme), 728% (Hafren) a 590% (Avon) o'r llif cyfartalog tymor hir. Roedd llifogydd difrifol ar y gorlifdiroedd, ac roedd llawer o fusnesau, cartrefi a safleoedd gwasanaethau hanfodol fel gorsafoedd trydan a gweithfeydd dŵr o dan ddŵr.

Tewkesbury: llifogydd afonol

Ym mis Gorffennaf 2007, cafodd Cymru a Lloegr tua dwywaith yn fwy o law na'r cyfanswm cyfartalog ar gyfer y mis. Cafodd Tewkesbury yn Swydd Gaerloyw dros 240 mm o law – 531% o lawiad cyfartalog y mis. Arweiniodd stormydd difrifol yng nghanol mis Gorffennaf at law trwm ar ddydd Gwener 20 Gorffennaf yn nalgylch yr Hafren isaf. Ardal o wasgedd isel yn symud yn araf ynghyd â system ffrynt cysylltiedig oedd yn gyfrifol am y glaw trwm a chyson. Mae Tewkesbury yn sefyll wrth gydlifiad afon Hafren ac afon Avon ac mae wedi'i hamgylchynu gan ardaloedd mawr o orlifdir. O ganlyniad, mae'n dioddef llifogydd yn rheolaidd. Ar 20 Gorffennaf, gorlifodd y ddwy afon oherwydd cyfaint y glaw a oedd wedi disgyn yn yr ardaloedd cyfagos. Aeth yn amhosibl teithio i'r dref ar hyd unrhyw un o'r pedair ffordd. Yr unig lwybr mynediad ar ôl oedd llwybr troed ar hyd yr arglawdd lle'r oedd y rheilffordd yn arfer rhedeg.

Cofnodwyd hyd at 90 mm o law mewn 1 diwrnod yn Tewkesbury, sef y glawiad arferol ar gyfer 2 fis. Cafwyd llifogydd afonol helaeth: roedd 10,000 o bobl wedi'u dal ar yr M5 ac arhosodd 500 o bobl dros nos yng ngorsaf drenau Caerloyw gan fod y rhwydwaith rheilffordd wedi methu. Gorlifodd dŵr i gartrefi naill ai oherwydd dŵr wyneb a oedd yn methu draenio'n ddigon cyflym neu oherwydd afonydd yn gorlifo – cafodd rhai cartrefi eu taro gan lifogydd ddwywaith. Roedd canol tref Tewkesbury yn gwbl ynysig am sawl diwrnod a gorlifodd y dŵr i waith trin dŵr y dref, gan adael 350,000 o bobl heb ddŵr am dros bythefnos. Cafodd amddiffynfeydd dros dro eu codi yn is-orsaf drydan Walham i'r gogledd o Gaerloyw er mwyn rhwystro'r dŵr a diogelu cyflenwad trydan 500,000 o bobl. Fodd bynnag, caeodd is-orsaf drydan Castle Meads gerllaw fel mesur diogelwch, gan adael 42,000 o bobl heb drydan yng Nghaerloyw am hyd at 24 awr.

Effeithiau ffisegol llifogydd o fewn dalgylch afon

Mae sianeli afonydd sydd wedi gorlifo yn gallu newid eu cwrs. Wrth i egni afon gynyddu yn dilyn cynnydd yn ei harllwysiad a'i chyflymder, mae'n gallu torri trwy ystumiau afon a difrodi neu ddinistrio llifgloddiau ac argloddiau naturiol a rhai sydd wedi'u gwneud gan ddyn. Mae newid morffolegol mewn sianeli afon (h.y. siâp yr afon yn newid) yn fwy tebygol o ddigwydd ar dir uchel ger tarddiad yr afon. Mae gan sianeli afonydd ar dir isel raddiant is a glannau cryfach a maen nhw'n gallu cadw eu siâp yn well o ganlyniad. Fodd bynnag, oni bai bod gwaith rheoli afon wedi rhwystro prosesau naturiol, mae ystumiau afon yn newid yn naturiol dros amser yng nghwrs canol yr afon, ac mae hen lwybrau afon yn gallu gadael creithiau gweladwy ar y dirwedd.

Cyngor yr arholwr
Dylech wybod am enghreifftiau o lifogydd eraill. Bydd yr arholwr yn rhoi marciau am ddefnydd da o enghreifftiau diweddar.

Pan fydd gorlifdiroedd yn gorlifo, mae'r pridd yn mynd yn llawn dŵr a gall cnydau gael eu difrodi. Mae'n bosibl y bydd macroinfertebratau sy'n byw yn y pridd, fel mwydod a chwilod, yn marw neu'n mudo, sy'n lleihau ysglyfaeth ar gyfer rhywogaethau eraill fel adar. Er y gall amodau llifogydd erydu priddoedd, mae gwaddod yn cael ei ddyddodi ar orlifdir afon wrth i lifogydd encilio, a gall llifgloddiau naturiol gael eu creu wrth ochr sianel yr afon. Mae llifogydd hefyd yn gallu halogi'r tir a'r pridd trwy wasgaru gwastraff cartref lefel isel, gan gynnwys carthion, ac amrywiaeth eang o garthffrydiau diwydiannol. Mae'n bosibl y bydd hyn yn halogi cyflenwadau dŵr a chynefinoedd bywyd gwyllt.

Effeithiau demograffig, economaidd a chymdeithasol llifogydd

Mae canlyniadau ffisegol llifogydd yn effeithio ar y boblogaeth hefyd, gan gynnwys marwolaeth uniongyrchol trwy foddi neu farwolaeth anuniongyrchol trwy ledaeniad clefydau neu straen y digwyddiad. Mae'r graddau mae'r canlyniadau demograffig hyn yn effeithio ar gymuned yn dibynnu ar ble mae pobl yn byw – mae pobl dlawd yn llawer mwy agored i niwed. Yn gyffredinol, mae'r costau cymdeithasol yn uwch mewn cymunedau tlotach ac mae'r costau economaidd yn fwy mewn cymunedau mwy cefnog.

Mae'r costau economaidd yn cynnwys colli neu ddifrodi cartrefi ac eiddo, colli cnydau ac anifeiliaid fferm, a cholli neu ddifrodi stoc a chyfarpar gweithgynhyrchu a masnachol. Mae cymunedau a busnesau yn dioddef yn ystod llifogydd ac yn y cyfnod ar ôl llifogydd, sy'n arwain at ragor o golledion economaidd. Mae'r colledion hyn ynghyd â'r gwaith ailadeiladu ac atgyweirio hefyd yn arwain at gostau yswiriant.

Mae effaith gymdeithasol llifogydd yn dirywio ansawdd bywyd pobl a chymunedau. Yn ogystal â'r peryglon corfforol a'r perygl i iechyd sy'n digwydd o ganlyniad i lifogydd, mae effaith seicolegol yr argyfwng a'r cyfnod dilynol yn cael effeithiau mwy tymor hir. Yn dilyn y llifogydd yn Hull a Tewkesbury yn 2007 (gweler tudalennau 58-59), methodd cannoedd o bobl â dychwelyd i'w cartrefi am sawl mis wedyn – bu'n rhaid iddynt fyw mewn tai rhent, gyda ffrindiau a pherthnasau, neu mewn carafanau y tu allan i'w cartrefi. Mae glanhau ac atgyweirio eiddo, trafod ag adeiladwyr a chwmnïau yswiriant a phrynu nwyddau newydd yn dasgau anodd sy'n cymryd amser. Mae'n bosibl y bydd effeithiau anuniongyrchol oherwydd llifogydd hefyd, fel gostyngiad mewn gwerth tai a'r ofn y bydd rhagor o lifogydd yn y dyfodol.

> **Gwirio gwybodaeth 24**
> Beth yw llifogydd dŵr daear?

2.6 Sut mae peryglon llifogydd yn cael eu canfod a'u rheoli o fewn dalgylch afon?

Canfyddiadau ac ymwybyddiaeth gwahanol o beryglon llifogydd gan grwpiau o fewn dalgylch afon

Nid yw'n bosibl atal llifogydd bob tro, ond mae'n bosibl eu rheoli. Mae pa mor debygol bydd llifogydd yn digwydd yn cael ei disgrifio fel y posibilrwydd neu'r tebygolrwydd y bydd yn digwydd mewn 1 flwyddyn. Felly, mae'n bosibl y bydd 'posibilrwydd 1 mewn 100' y bydd llifogydd yn digwydd mewn unrhyw flwyddyn mewn lleoliad penodol. Y flwyddyn ganlynol bydd yr un posibilrwydd 1 mewn 100 yn berthnasol. Er y gall ardal benodol gael llifogydd am ddwy flynedd yn olynol a pheidio â'u cael eto am 200 mlynedd arall, ni fydd lefel y risg yn newid.

Mae un o bob wyth o bobl y DU yn byw ar orlifdiroedd neu mewn ardaloedd sydd mewn perygl o lifogydd arfordirol. Mae'r canfyddiad o'r risg hwn yn amrywio. Nid yw'r perygl o lifogydd yn ymwneud â'r debygoliaeth o lifogydd yn unig; mae hefyd yn cynnwys effaith neu ganlyniadau posibl llifogydd. Mae asesiadau o beryglon llifogydd yn casglu gwybodaeth am y peryglon a'r mathau o risg sy'n dod yn sgil llifogydd a'r effeithiau cymdeithasol, amgylcheddol ac economaidd tebygol. Maen nhw'n cael eu defnyddio i asesu'r angen am strategaethau rheoli llifogydd. Mae'n bosibl profi effeithiolrwydd cynlluniau rheoli llifogydd drwy ddefnyddio dadansoddiad cost a budd.

Mae sefydliadau rheoli llifogydd yn asesu'r risgiau posibl o lifogydd cyn gweithredu mesurau rheoli priodol. Asiantaeth yr Amgylchedd sy'n bennaf gyfrifol am reoli llifogydd yng Nghymru a Lloegr, awdurdodau lleol sy'n gwneud y gwaith yn yr Alban a'r Asiantaeth Afonydd sydd â'r cyfrifoldeb yng Ngogledd Iwerddon.

Strategaethau ar gyfer rheoli peryglon llifogydd

Mae Asiantaeth yr Amgylchedd yn datblygu **Cynlluniau Rheoli Llifogydd Dalgylchoedd** (*CFMPs: Catchment Flood Management Plans*) yng Nghymru a Lloegr sy'n cwmpasu dalgylch cyfan yr afon. Mae'r cynlluniau hyn yn nodi sut mae'n bosibl lleihau effaith llifogydd trwy astudio sut mae llifddwr yn symud trwy'r dalgylch afon a datblygu systemau rheoli priodol i amddiffyn eiddo, lleihau difrod i'r dirwedd a chael y gwerth gorau am arian. Mae'r agwedd integredig hon tuag at reoli llifogydd yn mynd ymhellach na'r agwedd beirianyddol draddodiadol. Mae amrywiaeth eang o ffactorau i'w hystyried, gan gynnwys cynnal a chadw afonydd, datblygu gorlifdiroedd, rheoli tir gwledig ac effaith newid hinsawdd.

Tabl 6 Mesurau rheoli llifogydd

Strategaeth	Mesurau i leihau'r perygl o lifogydd
Defnyddio peirianneg galed i leihau'r perygl ffisegol	• Muriau llifogydd ac argloddiau • Sianelu afonydd • Sianeli dargyfeirio a basnau dal dŵr • Argaeau a chronfeydd dŵr
Defnyddio peirianneg feddal i leihau'r perygl ffisegol	• Rheoli dalgylchoedd • Coedwigo • Rheoli defnydd tir • Rheoli datblygiad trefol • Darparu gwlyptiroedd
Lleihau'r posibilrwydd y bydd y perygl yn digwydd	• Cynllunio defnydd tir • Adeiladau sy'n gallu gwrthsefyll llifogydd
Gwneud pobl yn llai agored i niwed oherwydd y perygl	• Systemau rhybuddio am lifogydd • Bod yn barod a gallu ymateb i argyfwng • Yswiriant

Mae'n rhaid rheoli'r risg o lifogydd a'r peryglon llifogydd. Yn ddelfrydol, gall rheoli afonydd a systemau draenio effeithiol atal llifogydd, a gall systemau amddiffyn fel argloddiau a golchdiroedd reoli llifogydd. Weithiau nid yw'r systemau hyn yn gallu ymdopi â'r cyfaint o ddŵr ffo ac mae'n rhaid rheoli effaith y perygl. Mae rheoli llifogydd yn golygu defnyddio prosesau naturiol i achub ardaloedd ymhellach i lawr

yr afon. Er enghraifft, mae safle gwlyptir Amberley Wild Brooks ar afon Arun yn Sussex yn cael ei ddefnyddio i rwystro llifddwr y gaeaf rhag gorlifo dros aneddiadau a chysylltiadau i lawr yr afon. Mae Tabl 6 yn nodi rhai mesurau rheoli llifogydd.

Peirianneg galed

Defnyddir deunyddiau caled fel concrit neu fetel i adeiladu amddiffynfeydd llifogydd peirianneg galed, ac maen nhw wedi'u cynllunio i ddal llifoedd afon gormodol. Maen nhw'n ddrud ac mae ganddyn nhw ganlyniadau amgylcheddol sylweddol. Maen nhw'n effeithio ar ecoleg yr afon a'i glannau ac mae newidiadau i'r sianel i fyny'r afon yn newid ei hymddygiad i lawr yr afon.

Mae'r mesurau rheoli llifogydd yn cynnwys:
- newid glannau a gwely'r afon i gynyddu cyfaint sianel yr afon
- cael gwared â gwaddodion trwy garthu er mwyn dyfnhau'r sianel
- cael gwared â chlogfeini er mwyn lleihau ffrithiant a chynyddu cyflymder yr afon
- adeiladu argaeau a choredau, sef rhwystrau ar draws yr afon, er mwyn rheoli llif y dŵr
- adeiladu sianeli dargyfeirio a basnau dal dŵr er mwyn tynnu allan y llifddwr
- codi uchder glannau afonydd a gorlifdiroedd er mwyn cyfyngu ar lifogydd

Peirianneg feddal

Nod peirianneg feddal neu 'adlinio wedi'i reoli' yw cydweithio â phrosesau naturiol. Mae'n defnyddio mwy o dir ond nid oes angen cymaint o fuddsoddiad a gwaith cynnal a chadw. Mae peirianneg feddal yn ceisio rheoli camau yn y gylchred hydrolegol, fel cynyddu cyfraddau rhyng-gipio trwy goedwigo neu newid arferion amaethyddol. Mae amddiffynfeydd meddal yn gallu helpu bywyd gwyllt trwy ddarparu cynefinoedd naturiol yn rhannau gwledig y gorlifdiroedd sy'n gallu gwrthsefyll llifogydd achlysurol, er y gallai amaethyddiaeth gael ei niweidio. Mae'n bosibl dymchwel argloddiau neu eu symud ymhellach o'r afon er mwyn gwneud hyn. Mewn ardaloedd trefol mae'n bosibl caniatáu llifogydd ar dir sy'n cael ei ddefnyddio fel meysydd chwarae a pharciau, tra dylid cyfyngu ar ddatblygiadau masnachol, diwydiannol neu ddomestig mewn ardaloedd sy'n dioddef llifogydd.

Ymateb i lifogydd

Wrth ymateb i lifogydd dylid paratoi ar gyfer digwyddiad o lifogydd, ymdopi â'r effaith uniongyrchol a mynd i'r afael â'r canlyniadau mwy tymor hir.

Mae'r Swyddfa Dywydd yn cyhoeddi gwybodaeth am systemau tywydd sy'n agosáu ac sy'n debygol o roi pwysau ar rwydweithiau draenio. Mae'n cyhoeddi rhybuddion o dywydd garw ar dair lefel: byddwch yn ymwybodol, byddwch yn barod a gweithredwch.

Mae Asiantaeth yr Amgylchedd wedi nodi ardaloedd sydd mewn perygl cyffredinol o lifogydd oherwydd eu bod yn agos at afonydd. Mae'n cyhoeddi rhybuddion llifogydd lleol ar dair lefel:
- Llifogydd – Byddwch yn Barod – disgwylir llifogydd ar dir a ffyrdd isel
- Rhybudd Llifogydd – disgwylir y bydd llifogydd yn effeithio ar gartrefi a busnesau
- Rhybudd Llifogydd Difrifol – disgwylir llifogydd difrifol, gyda pherygl mawr i fywyd ac eiddo

Mae gwefan y sefydliad yn cynnig cyngor ar beth y dylai pobl ei wneud i'w hamddiffyn eu hunain, eu teuluoedd, eu hanifeiliaid anwes a'u heiddo.

Mae'r heddlu yn cydgysylltu ymateb y gwasanaethau brys yn ystod digwyddiad o lifogydd ac mae'r gwasanaeth tân ac achub yn symud pobl o'u cartrefi os oes angen. Mae'r gwasanaeth tân yn pwmpio

Cyngor yr arholwr

Dylech wneud yn siŵr bod gennych enghreifftiau o'r cynlluniau peirianneg galed hyn. Gall fod yn ddefnyddiol i chi archwilio ffotograffau a'u labelu gyda'r strategaethau gwahanol i'ch helpu i'w cofio.

Gwirio gwybodaeth 25

Beth yw'r gwahaniaeth rhwng peirianneg galed a pheirianneg feddal?

dŵr allan hefyd. Mae'r awdurdod lleol yn darparu cyngor ac yn trefnu llety i bobl sy'n gorfod gadael eu cartrefi. Mae'r Fforwm Llifogydd Cenedlaethol yn cynnig cymorth a chyngor ar nwyddau ac yswiriant i amddiffyn yn erbyn llifogydd.

Effeithiolrwydd cynlluniau rheoli llifogydd

Mae cynlluniau rheoli llifogydd yn cael eu profi i'r eithaf os yw glaw trwm neu gyson yn codi arllwysiad yr afon i lefel y glannau. Os yw eiddo yn dioddef llifogydd a bywydau pobl yn cael eu rhoi mewn perygl, mae'n bosibl y bydd y system rheoli llifogydd yn annigonol. Wrth i newid hinsawdd o bosibl gynyddu'r risg o lifogydd lleol, bydd amddiffynfeydd yn erbyn llifogydd yn cael eu profi i'r eithaf ac yn methu weithiau.

Cyngor yr arholwr

Dylech fod yn gyfarwydd ag astudiaethau achos er mwyn dangos pa mor llwyddiannus neu aflwyddiannus yw cynlluniau atal llifogydd.

Does dim gwahaniaeth pa mor ofalus bydd pobl yn ceisio rheoli'r risg o lifogydd, mae rhai adegau pan fydd llifogydd yn waeth nag unrhyw beth a welwyd o'r blaen. Cafodd y ffotograff hwn ei dynnu yn Cumbria, ac mae'n dangos rhybudd o bontydd a ddifrodwyd gan lifogydd ym mis Tachwedd 2009. Dyddiad y rhybudd yw 5 Mawrth 2010 oherwydd bod y gwaith o archwilio'r pontydd a ddifrodwyd a chodi'r rhybuddion wedi cymryd 4 mis i'w gwblhau.

Crynodeb

- Mae newid hydrolegol yn seiliedig ar brosesau hydrolegol y dalgylch afon a nodweddion patrymedd afonydd.

- Ffactorau ffisegol a dynol sy'n achosi llifogydd ac mae eu pwysigrwydd cymharol yn amrywio o afon i afon.

- Mae llifogydd yn effeithio ar amgylchedd naturiol a bywyd economaidd a chymdeithasol ardal. Maen nhw'n cael effeithiau demograffig. Mae'r effeithiau yn amrywio yn ôl lefel datblygiad yr ardaloedd sy'n cael eu heffeithio.

- Mae canfyddiad grwpiau gwahanol o berygl llifogydd yn seiliedig ar eu hymwybyddiaeth o lifogydd.

- Mae'n bosibl defnyddio strategaethau meddal neu galed i reoli llifogydd sy'n dibynnu ar allu cymdeithas i dalu amdanynt.

- Mae'n rhaid asesu pob cynllun rheoli llifogydd i weld a yw'n effeithiol.

- Mae'n rhaid i chi geisio cynnwys astudiaethau maes yn eich rhaglen ddysgu, neu bydd yn anodd i chi ateb cwestiwn 3(c).

Cwestiynau ac Atebion

Paratoi ar gyfer prawf yr uned

Termau daearyddol

Mae'n syniad da i lunio eich rhestr eich hun o dermau allweddol (eich geiriadur daearyddol eich hun) pan fyddwch yn dod ar eu traws wrth i chi astudio. Dylech hefyd wneud yn siŵr bod gennych eich cronfa eich hun o fapiau a diagramau syml ac effeithiol. Cofiwch ymarfer lluniadu'r mapiau a'r diagramau, fel nad oes angen mwy na dau funud yr un arnoch i'w creu yn yr arholiad. Yn olaf, byddwch angen eich enghreifftiau personol i egluro eich pwyntiau. Byddwch yn gweld enghreifftiau a diagramau yn y llyfr hwn; gallwch greu argraff trwy ddefnyddio enghreifftiau gwahanol, perthnasol a chyfoes yn hytrach na'r enghreifftiau safonol yn eich gwerslyfrau.

Ble i ddod o hyd i enghreifftiau da

Ceisiwch ddod o hyd i enghreifftiau o'ch astudiaethau eich hun yn ogystal ag enghreifftiau eich athrawon. Mae *Geography Review* a *Geographical* yn ffynonellau da ar gyfer enghreifftiau gwreiddiol. Mae gwefannau fel Grid Cenedlaethol ar gyfer Dysgu (GCaD) (**www.ngfl-cymru.org.uk/cym/vtc-home/vtc-aas-home/vtc-as_a-geography**) yn ddefnyddiol. Mae papurau newydd o ansawdd, e.e. *Times, Guardian, Independent* a *Daily Telegraph* hefyd yn ffynonellau da. Ond mae'n rhaid i chi fod yn ymwybodol o safbwyntiau unllygeidiog. Mae'r cyfryngau yn rhoi sylw da i ddaearyddiaeth yn gyson felly cofiwch fanteisio arnynt. Defnyddiwch wefannau newyddion a chyfryngau darlledu i gasglu gwybodaeth ar gyfer astudiaethau achos newydd, fel llifogydd a daeargrynfeydd, wrth iddynt ddigwydd.

Prawf yr uned

Amseru

Mae tri chwestiwn yn yr arholiad, ac mae tair rhan i bob un. Mae'r testunau yn ymddangos yn yr un drefn â'r fanyleb. Mae'r arholiad yn 1 awr 30 munud o hyd ac mae'n rhaid i chi ateb pob un o'r tri chwestiwn. Mae'n bosibl, felly, ennill marc bob munud. Mae'r tabl isod yn nodi sut dylech geisio neilltuo eich amser. Mae'r amserau ar gyfer cwestiynau 1 a 2 yn union yr un fath.

	Gweithgaredd	Amser mewn munudau
	Darllenwch bob un o'r tri chwestiwn. Penderfynwch ym mha drefn rydych chi eisiau ateb y cwestiynau. (Mae trefn y cwestiynau isod yn cymryd yn ganiatâol eich bod yn ateb y cwestiynau yn eu trefn.)	1
C1 a C2	Astudiwch yr adnodd cyntaf yn ofalus ac atebwch Ran (a), sef y cwestiwn 5 marc.	5
	Darllenwch Ran (b) a chynlluniwch eich ateb.	2
	Ysgrifennwch eich ateb (tua un dudalen o ryddiaith ac unrhyw fapiau neu ddiagramau).	10
	Darllenwch Ran (c) a chynlluniwch eich ateb.	2
	Ysgrifennwch eich ateb (tua un dudalen o ryddiaith ac unrhyw fapiau neu ddiagramau).	10

	Gweithgaredd	Amser mewn munudau
C3	Astudiwch yr adnodd(au) ar gyfer Cwestiwn 3.	2
	Cynlluniwch eich ymateb i ran (a).	1
	Ysgrifennwch eich ateb i (a).	6
	Darllenwch a chynlluniwch eich ymateb i ran (b).	1
	Ysgrifennwch eich ateb i (b).	8
	Darllenwch a chynlluniwch eich ymateb i ran (c).	1
	Ysgrifennwch ateb un dudalen i (c).	9
	Darllenwch dros eich gwaith.	3
	Cyfanswm yr amser	**90**

Sut mae atebion yn cael eu marcio

Mae marcwyr yn asesu ansawdd *cyffredinol* atebion yn erbyn cynllun marcio'r papur bob amser. Mae'n bosibl y bydd y marc cyfan yn seiliedig ar nodweddion sawl lefel ac yn adlewyrchu'r cyfuniad o nodweddion yn yr ateb. Mae'r holl farciau hefyd yn seiliedig ar amcanion asesu (AA) sy'n golygu ei bod yn bosibl rhoi marciau am wybodaeth, cymhwyso gwybodaeth, a sgiliau. Mae'r sgiliau hyn yn cynnwys ansawdd iaith, neu sgiliau lluniadu neu ddehongli mapiau, ffotograffau, diagramau a darnau o destun.

Cynllun marcio lefelau a ddefnyddir ar gyfer rhannau (b) ac (c) o
gwestiynau 1 a 2 a rhan (c) o gwestiwn 3

Lefel	Marciau	Disgrifydd y lefel
3	8–10	Gwybodaeth a dealltwriaeth dda iawn a defnydd da o enghreifftiau. Disgrifiadau ac esboniadau llawn. Mae lled a dyfnder i'r ateb i ddwyn ynghyd amrywiaeth o bwyntiau. Yn dilyn gorchmynion y cwestiwn. Yn defnyddio arddull traethawd bach da, yn ysgrifennu'n dda ac yn defnyddio iaith daearyddiaeth yn dda.
2	4–7	Rhywfaint o wybodaeth ond nid yw'n glir bob amser bod gwybodaeth/ egwyddorion wedi eu deall yn llawn. Nid yw'r wybodaeth a'r esboniadau yn gyflawn. Disgrifiadau cadarn. Mae angen mwy o fanylion. Tystiolaeth o arddull traethawd ond diffyg paragraffau a chyflwyniad/casgliad. Rhywfaint o ddefnydd o iaith daearyddiaeth.
1	0–3	Gwybodaeth sylfaenol a dealltwriaeth gyfyngedig. Prin yw'r enghreifftiau, ac os yw'n cynnwys enghraifft mae'n ysgrifennu, e.e. Affrica (yn cael ei nodi fel gwlad yn hytrach na chyfandir yn aml). Bydd y deunydd yn syml ac yn debygol o fod yn ateb un paragraff cryno heb unrhyw ddatblygiad. Camgymeriadau gramadegol a sillafu yn amlwg.

Ansawdd y cyfathrebu ysgrifenedig

Nid oes unrhyw farciau'n cael eu rhoi yn benodol am ansawdd eich ysgrifennu. Fodd bynnag, dylech geisio defnyddio atalnodi a gramadeg cywir, strwythuro atebion mewn dilyniant rhesymegol, cynnwys cyflwyniad a chasgliad cryno, a defnyddio terminoleg ddaearyddol briodol.

Rheoli cwestiynau mewn munud

Mae gan bob cwestiwn ddwy brif ran. Mae yna **eiriau gorchymyn** fel amlinellwch, trafodwch, gwerthuswch, aseswch. Yn ail, mae'r **deunydd** ei hun. Defnyddiwch ddau liw gwahanol i amlygu'r gorchmynion a'r testun.

- **Aseswch** a **gwerthuswch** – pwyso a mesur pa mor bwysig yw'r ffactorau. Mae'n bosibl y bydd y cwestiwn yn crybwyll un ffactor, ond dylech fod yn ymwybodol o eraill. Fe'i defnyddir yng nghwestiwn 3(c) fel arfer.
- **Cymharwch** – nodwch yr elfennau sy'n debyg, yn wahanol neu'n gyferbyniol. Wrth ateb cwestiynau 'cymharwch', gallwch ennill marciau trwy ddefnyddio geiriau cymharol fel fodd bynnag, mwy na, llai dwys, llai, mwy serth a thra bod.
- **Cyferbynnwch** – trafodwch y gwahaniaethau yn unig.
- **Diffiniwch** – nid yw'r gair hwn yn cael ei ddefnyddio mewn cwestiynau fel arfer. Mae'n golygu 'rhoi union ystyr term'. Fodd bynnag, mae'n beth da gallu diffinio term sy'n cael ei ddefnyddio mewn cwestiwn, fel 'effaith tŷ gwydr gynyddol'.
- **Disgrifiwch** – dangoswch eich bod yn gwybod beth sy'n digwydd neu beth mae map neu ddiagram yn ei ddangos. Mae'n disgwyl i chi wybod beth mae proses yn ei wneud, sut mae'n digwydd, ble mae'n digwydd, pryd mae'n digwydd. Mae disgrifiadau'n gallu cynnwys pwy neu beth sy'n achosi proses ac ar bwy mae'n effeithio.
- **Trafodwch** – disgrifiwch ac eglurwch y pwyntiau perthnasol a lluniwch ddadl gref sy'n cynnwys enghreifftiau.
- **Eglurwch** – nodwch pam a sut mae rhywbeth yn digwydd. Mae'n bosibl y bydd yn cynnwys rhywfaint o ddisgrifio ond peidiwch â dibynnu ar ddisgrifio fel dull o egluro.
- **Nodwch** – gwnewch restr o bwyntiau a chynnwys enghreifftiau perthnasol.
- **Cyfiawnhewch** – rhowch resymau.
- **Amlinellwch** – nodwch y prif bwyntiau neu'r ffactorau. Mae disgwyl mwy na dau bwynt, gydag enghreifftiau ategol.
- **Awgrymwch resymau pam** – cyflwynwch eglurhad credadwy ar sail eich gwybodaeth eich hun a'ch dealltwriaeth ehangach o'r testun.
- **Gyda chymorth diagram** – gwnewch ddiagram a'i labelu. Rhaid labelu echelinau'r graff hefyd.

Sylwadau'r arholwr

Yn yr adran Cwestiynau ac Atebion hon, mae sylwadau'r arholwr yn dilyn ateb pob myfyriwr. Mae hyn yn cael ei ddangos gan yr eicon ⓓ. Mae'r sylwadau yn dangos sut mae'r marciau wedi'u dyfarnu ac yn amlygu problemau a gwendidau penodol a meysydd i'w gwella.

Cwestiwn 1 | **Thema 1**

(a) **Defnyddiwch Ffigur 1 i ddisgrifio dylanwad newid hinsawdd ar ddosbarthiad newidiol glöyn byw modrwyog y mynydd.**   (5 marc)

(a) Mae'r cwestiwn hwn yn profi eich gallu i sganio testun am wybodaeth berthnasol.

Ofn difodiant *(extinction)* glöyn byw modrwyog y mynydd

Mae'r unig rywogaeth o löynnod byw yn y DU sy'n byw ar y mynyddoedd, sef glöyn byw (pili-pala) modrwyog y mynydd, yn wynebu difodiant yn yr Alban oherwydd newid hinsawdd. Yn ôl rhybudd gan arbenigwyr, mae tymereddau cynhesach yn gyrru'r glöyn byw hwn yn uwch i fyny'r llethrau i chwilio am amodau oerach.

Mae glöyn byw modrwyog y mynydd yn wynebu bygythiad difrifol iawn ac mae'n encilio yn uwch i fyny'r llethrau wrth i dywydd cynhesach wneud y cynefinoedd is yn anaddas. Yr ofn yw y bydd y rhywogaeth brin hon heb gynefinoedd addas wrth i'r hinsawdd newid, a bydd yn diflannu yn yr Alban.

Effaith arall cynhesu byd-eang yw'r ffaith fod rhywogaethau eraill o löynnod byw wedi darfod yn ne Lloegr ac yn goroesi yn yr Alban.

Mae rhannau o'r Alban eisoes yn gynefin i löynnod byw sydd wedi diflannu yn Lloegr, ac mae'r dirwedd yn yr uwchdiroedd sydd i raddau helaeth heb ei difetha yn dod yn gynefin pwysicach.

Mae newidiadau yn y pwysau pori ar laswelltir mynyddig a phlannu coetiroedd conwydd wedi effeithio ar strwythur a chyfansoddiad rhywogaethau y glaswelltir cawn du *(mat grasslands)*. Dyma brif gynefin glöyn byw modrwyog y mynydd a bydd hyn yn effeithio ar faint ei boblogaeth.

Mae *Butterfly Conservation Scotland (BCS)* wedi gofyn i'r cyhoedd roi gwybod iddynt os ydynt yn gweld glöyn byw modrwyog y mynydd.

Ffigur 1 Dosbarthiad newidiol glöyn byw modrwyog y mynydd

(b) Disgrifiwch ac eglurwch *un* enghraifft o newid hinsawdd tymor byr.   (10 marc)

(a) Mae'r cwestiwn yn disgwyl i chi ddisgrifio'r newid a chynnig eglurhad. Bydd diffinio ystyr tymor byr yn ddechrau da.

(c) **Archwiliwch sut mae effeithiau newid hinsawdd yn amrywio o ranbarth i ranbarth.**   (10 marc)

(a) Yn ddelfrydol, bydd angen nodi o leiaf ddwy effaith gyferbyniol, ond gallwch archwilio rhagor. Mae 'archwilio' yn awgrymu rhywfaint o egluro yn yr achos hwn.

Myfyriwr A

(a) Mae Ffigur 1 yn dweud bod dylanwad newid hinsawdd yn gorfodi'r glöyn byw i symud yn uwch i fyny'r llethrau i chwilio am amodau oerach **a**. Mae hyn yn digwydd oherwydd amodau cynhesach. Mae'r amodau cynhesach yn gwneud cynefinoedd ar dir is yn anaddas **a**. Mae Ffigur 1 hefyd yn nodi'r ofn y bydd y glöyn byw yn diflannu oherwydd newid hinsawdd a thymheredd uwch **c**. Mae'r rhywogaeth eisoes wedi diflannu yn y de **b**. Mae glöynnod byw wedi diflannu yn Lloegr oherwydd y cynnydd yn y tymheredd **c**. Mae Ffigur 1 hefyd yn dangos y bydd newidiadau yn y pwysau pori ar laswelltir mynyddig ynghyd â phlannu coed yn cael effaith ar strwythur a chyfansoddiad rhywogaethau y glaswelltir cawn du **ch**. Dyma ble mae modrwyog y mynydd yn byw a bydd yn effeithio ar faint ei boblogaeth.

Ⓐ **Dyfarnwyd marc o 5/5.** Dyma ateb gradd A oherwydd ei fod yn nodi **a** symudiad fertigol a lledredol dosbarthiad y rhywogaeth a **b** ei fod yn defnyddio tystiolaeth o Ffigur 1. **c** Mae hefyd yn nodi newidiadau yn y tymheredd fel prif ffactor. **ch** Mae'r darn am ecosystemau newidiol yn cyfeirio at newid dynol yn hytrach na newid hinsawdd. Mae'r ateb yn defnyddio Ffigur 1 yn dda a bydd yn ennill marciau llawn.

Myfyriwr B

(a) Mae Ffigur 1 yn nodi'n glir bod y glöyn byw yn encilio'n uwch wrth i'r tymheredd godi yn sgil newid hinsawdd. Mae niferoedd glöynnod byw yn lleihau ac mae'r glöynnod byw yn mudo i hinsoddau oerach **a**. Nid ydynt yn hoffi coetiroedd yn cael eu plannu gan nad ydynt yn gallu byw ar laswelltir. Mae'r dosbarthiad yn newid.

Ⓐ **Dyfarnwyd marc o 3/5.** Mae'r ateb hwn yn awgrymu bod y myfyriwr yn gwybod mwy nag y mae wedi'i ysgrifennu. **a** Er bod yr ateb yn gywir, nid yw'n defnyddio tystiolaeth i ddatblygu unrhyw bwynt. Mae'n nodweddiadol o ateb gradd C.

Ⓐ **Ar y cyfan, mae rhan (a) o gwestiynau 1 a 2 yn cynnig cyfle hawdd i ennill 5 marc os ydych yn gwybod sut i ddod o hyd i wybodaeth mewn diagramau, ffotograffau a thestun.**

Myfyriwr A

(b) Un enghraifft o newid hinsawdd tymor byr yw cyfnod oeri o'r enw yr Oes Iâ Fechan **a**. Digwyddodd hyn rhwng 1680 ac 1800. Achosodd yr Oes Iâ Fechan i boblogaeth Gwlad yr Iâ haneru, dinistriwyd poblogaeth Lychlynnaidd Grønland a rhewodd harbwr Efrog Newydd yn 1780 **b**.

Credir mai gweithgarwch smotiau haul oedd yn gyfrifol am y cyfnod hwn o oeri. Storm fagnetig fawr ar arwyneb yr haul yw smotiau haul. Mae'n achosi amrywiad yn allbwn yr haul sy'n cyrraedd y Ddaear. Mae smotiau haul yn allyrru symiau gwahanol o belydriad (llai) ond maen nhw'n dal i allyrru llawer o belydrau uwchfioled sy'n achosi adwaith yn yr atmosffer uchaf ac yn newid y cyfansoddiad. Mae'r newid hwn yn y cyfansoddiad a'r gostyngiad yn y pelydriad heulog sy'n cyrraedd y Ddaear yn arwain at ostyngiad yn nhymheredd cyfartalog y blaned yn agos i'r arwyneb a thymheredd yr atmosffer. Dyma un o'r rhesymau dros y cyfnod o oeri **c**.

Rheswm arall dros yr Oes Iâ Fechan yw'r gweithgareddau folcanig oedd yn digwydd ar y pryd. Mae llosgfynyddoedd yn allyrru llawer o ludw a llwch i'r atmosffer. Mae hyn yn achosi oeri trwy atal pelydriad heulog. Fodd bynnag, mae'r llwch yn aros yn yr atmosffer am tua 6 mis yn unig. Mae'r echdoriad hefyd yn allyrru llawer o sylffwr ar ffurf sylffwr deuocsid. Mae hyn yn adweithio gydag anwedd dŵr ac yn creu haen yn yr atmosffer sy'n adlewyrchu pelydriad heulog. Mae hyn yn creu effaith oeri ar y blaned sy'n para am dros 2 flynedd. Mae hyn yn achosi newid hinsawdd am gyfnod byr **ch**.

Rheswm posibl arall oedd y ffaith fod cludydd y cefnfor wedi cau. Mae hyn yn achosi oeri a newid hinsawdd tymor byr. Aeth llawer iawn o ddŵr croyw i'r cefnforoedd yn ystod cyfnod cynnes y canoloesoedd. Credir mai hyn oedd yn gyfrifol am yr Oes Iâ Fechan. Caeodd yr holl ddŵr croyw geryntau'r cefnforoedd, gan atal yr effaith gynhesu o Gwlff México ar ardaloedd fel Ewrop, ac oeri'r cefnfor gan arwain at newid hinsawdd tymor byr **d**.

ⓓ **Dyfarnwyd marc o 7/10. a** Mae'r Oes Iâ Fechan yn oes tymor byr mewn cyd-destun daearegol ac fe'i derbyniwyd fel ateb. Efallai y dylai'r ateb fod wedi nodi hynny. **b** Mae'r paragraff cyntaf yn gyd-destunol ac mae'n cynnwys disgrifiad amwys o'r effeithiau yn hytrach na disgrifiad o'r Oes Iâ Fechan gyfan. **c** Mae gweithgarwch smotiau haul yn eglurhad dilys. **ch** Mae effeithiau gweithgaredd folcanig yn fwy tymor byr na'r Oes Iâ Fechan ac nid oes ganddyn nhw gysylltiad amlwg â hi. **d** Mae'r cludydd yn drydydd eglurhad, ond byddai wedi bod yn well defnyddio Osgiliad Deheuol El Niño ar gyfer yr ateb hwn. Efallai y byddai wedi bod yn ddoethach canolbwyntio mwy ar yr Oes Iâ Fechan yn unig, er bod yr ateb yn ceisio cyfiawnhau'r eglurhad ehangach. Fodd bynnag, mae'r ateb yn cynnwys rhywfaint o wybodaeth dda a bydd yn ennill 7 marc.

Myfyriwr B

(b) Enghraifft o newid hinsawdd tymor byr yw El Niño a La Niña **a**. Mae'r rhain yn digwydd bob 2 i 7 mlynedd ac yn para 1 i 2 flynedd. Yn ystod blwyddyn arferol mae gwasgedd isel dros Awstralia oherwydd bod yr aer yn codi yma a gwasgedd isel dros Beriw/De America oherwydd bod yr aer yn mynd yn fwy dwys wrth ddisgyn o'r dwyrain oherwydd y gwyntoedd cyson. Mae yna ymchwydd o ddŵr oer hefyd ar forlin y Cefnfor Tawel ym Mheriw **b**.

Mewn blwyddyn El Niño mae gwyntoedd cyson yn gwanhau ac yn newid cyfeiriad o'r gorllewin i'r dwyrain, sy'n arwain at aer yn codi uwchben Periw gan achosi ardal o wasgedd isel a chynyddu'r glawiad **c**. Mewn blwyddyn El Niño mae Periw yn dioddef llifogydd oherwydd bod lefel y glawiad yn fwy na'r cyfartaledd yn dilyn y gwasgedd isel. Fodd bynnag, mae Queensland yn Awstralia yn dioddef sychder **ch** oherwydd gwasgedd uchel wrth i'r aer ddisgyn **c**. Mae'r ymchwydd o ddŵr oer oddi ar Beriw yn cael ei atal **c**, sy'n effeithio ar nifer y ffytoplancton ac mae hyn yn lleihau nifer y pysgod. Mae llai o gorwyntoedd yn ne-orllewin UDA a'r Caribî hefyd. Mae'r dŵr yn gynhesach nag arfer **ch**.

Fodd bynnag, mewn blwyddyn La Niña bydd y gwrthwyneb yn digwydd. Mae gwynt cyson cryf o'r dwyrain i'r gorllewin **b**, sy'n golygu bod aer yn codi yn Awstralia ac yn arwain at lifogydd yn Queensland oherwydd y lefelau anarferol uchel o ddyodiad **c**. Mae'r aer yn mynd yn fwy dwys wrth i'r aer ddisgyn dros Beriw a does dim glaw yn disgyn, sy'n achosi sychder yn yr ardal honno **ch**. Mae cynnydd yn amlder y corwyntoedd yn UDA a'r Caribî a llawer o sychder yn ne-ddwyrain Awstralia a De Affrica. Mae'r dŵr yn teimlo'n oerach nag arfer yno **ch**.

ⓓ **Dyfarnwyd marc o 10/10.** **a** Ar ddechrau'r ateb mae'r myfyriwr yn nodi'r hyn fydd yn cael ei drafod. **b** Mae'r disgrifiad yn gymharol gynhwysfawr. **c** Mae'r disgrifiad yn arwain at eglurhad. **ch** Mae'r effeithiau'n cael eu disgrifio'n dda. Dyma ymateb gradd A o ystyried yr amser sydd ar gael a byddai'n ennill marciau llawn.

Myfyriwr A

(c) Mae newid hinsawdd yn effeithio ar ranbarthau gwahanol mewn ffordd hollol wahanol. Mae trefedigaethau'r Inuitiaid **a** yn wynebu anawsterau oherwydd bod ardaloedd mawr o iâ yn ymdoddi **ch**, mae llai o anifeiliaid i'w hela ac mae'r eira yn wael ar gyfer adeiladu. Mae hyn yn golygu bod rhai ohonynt yn gorfod mudo, bod eu diwylliant yn diflannu a'u safon byw yn gwaethygu wrth i rai ei chael hi'n anodd adeiladu iglw **ch**. Mae iâ a dŵr eira hefyd yn golygu nad oes modd defnyddio rhai llwybrau mewn rhai aneddiadau ac mae'n rhaid teithio ymhellach.

Ar Ynysoedd Kiribati yng nghanol y Cefnfor Tawel ar y cyhydedd **a** mae yna broblemau enfawr oherwydd eu bod i gyd 3 m yn uwch na lefel y môr ar gyfartaledd. Wrth i lefel y môr godi bydd aneddiadau pysgota sydd wedi'u hadeiladu hyd at ymyl y dŵr yn dioddef fel yn 2005 pan oedd y llanw 2.85 m o uchder, sy'n ddifrifol iawn. Mae'r rhesi cyntaf o blanhigion a choed cnau coco wedi'u herydu ac mae dŵr heli wedi effeithio ar y system ddŵr a'r cnydau. Wrth i ffynonellau bwyd leihau a gan fod llawer o ynysoedd anghysbell mae pobl wedi mynd i banig ac wedi dechrau allfudo i Seland Newydd ac Awstralia, sy'n methu ymdopi â dylifiad o filoedd o bobl ychwanegol **d dd**. Os yw'r gwaethaf yn dod **ch** a'r ynysoedd yn cael eu hamlyncu byddai'n rhaid adleoli dros 85,000 o bobl gyda cholled diwylliannol Ynysoedd Kiribati wrth i bobl adael oherwydd gostyngiad yn eu safon byw. Byddai hyn yn golygu bod y boblogaeth **ch** yn colli llawer o'u harian a byddai rhai'n methu symud **b**.

Mae Kenya **a** wedi dioddef cyfnodau hir o sychder. Parodd un am 3 blynedd gyda ffermwyr a nomadiaid yn marw gyda'u holl wartheg wrth i ffynhonnau sychu ac nid oedd ganddyn nhw ddigon o arian neu addysg i ddechrau bywyd newydd yn rhywle arall **b c dd**.

ⓓ **Dyfarnwyd marc o 6/10.** **a** Mae'r myfyriwr yn amlinellu tri achos o newid ond **b** nid yw'n dweud ym mha ffordd mae'r newidiadau'n wahanol. **c** Mae'r ateb yn disgrifio newidiadau ac nid yw'n cysylltu'r tair astudiaeth achos. **ch** Nid yw safon iaith y myfyriwr hwn yn ei helpu – mae'n defnyddio rhai geiriau lefel isel fel 'llawer o'. Dylai'r ymateb hwn nodi enwau lleoedd yn yr astudiaethau achos yng ngogledd Canada ac enwau ynysoedd yn y Cefnfor Tawel. **d** Mae'n gor-ddweud wrth drafod yr effaith ar Awstralasia. **dd** Nid yw'r syniadau wedi'u cyflwyno'n drefnus nac yn rhesymegol. Er bod rhai elfennau cywir, nid ydynt wedi'u cysylltu'n gryf â newid hinsawdd. Nid yw'r ateb yn cynnwys archwiliad cymharol ac mae'r myfyriwr yn credu bod disgrifio tair set o effeithiau yn ddigon i archwilio'r gwahaniaethau. Mae'r ateb yn nodweddiadol o ymgeisydd gradd C a byddai'n ennill 6 marc.

ⓓ **Mae Myfyriwr A yn ennill cyfanswm o 18/25, sef gradd B. Trwy ennill marciau llawn yn rhan (a), mae wedi gwneud iawn am berfformiad gwannach yn rhannau (b) ac (c).**

Myfyriwr B

(c) Un rhanbarth sy'n cael ei effeithio gan newid hinsawdd yw'r tir o gwmpas deltâu mwyaf y byd **a**. Mae llawer o bobl yn byw yma oherwydd y tir ffrwythlon sy'n darparu bywoliaeth ar gyfer pobl ym maes amaethyddiaeth. Wrth i newid hinsawdd a'r tymheredd gynyddu, mae'r rhanbarthau hyn yn mynd yn fwy agored i niwed oherwydd llifogydd afonydd a chynnydd yn lefelau'r môr wrth i'r iâ ymdoddi. Yr effaith yma yw y bydd tir amaethyddol yn cael ei ddinistrio, gan arwain at golli bwyd ac incwm yn sgil colli cnydau **b**. Mae hyn yn golygu y bydd llawer o bobl yn cael eu dadleoli. Mae gwernydd mangrof yn Aberoedd Afon Ganga ym Mangladesh eisoes yn cael eu dinistrio **a**. Byddai cynnydd pellach yn lefel y môr yn dinistrio 20% o dir y wlad ac yn dadleoli 40 miliwn o bobl. Yn nelta'r Nîl yn yr Aifft byddai cynnydd 1 m yn lefel y môr yn effeithio ar 7 miliwn o bobl ac 15% o'r tir byddai'n bosibl byw arno **a**. Yma mae effeithiau cymdeithasol a demograffig **b**. Mae dadleoli yn gallu achosi tristwch difrifol i bobl sy'n gorfod gadael eu cartrefi. Ar ôl iddynt symud i rywle arall gall fod yn anodd iddynt gael gwaith a gall hyn arwain at dlodi **b**. Yr effeithiau demograffig yw'r ffaith y gall yr ardaloedd maen nhw'n symud iddynt ddioddef gorboblogi wrth i ddosbarthiad a dwysedd y boblogaeth newid **c**.

Rhanbarth arall a fydd yn dioddef oherwydd newid hinsawdd yw ynysoedd ar dir isel fel yr Iseldiroedd **a**. Mae'r effeithiau'n wahanol yma oherwydd bod yr Iseldiroedd yn wlad MEDd a Bangladesh yn wlad LlEDd. Mae yna effeithiau economaidd, cymdeithasol ac amgylcheddol gwahanol. Mae hanner yr Iseldiroedd yn is na lefel y môr ac mae'r boblogaeth yn ddwys. Er bod yr ardaloedd hyn yn cael eu hamddiffyn yn barod, byddai'n costio $12 biliwn i'w hamddiffyn yn erbyn cynnydd o 1 m yn lefel y môr **b**. Mae hyn yn golygu bod yr effeithiau'n economaidd. Mae pobl mewn gwledydd MEDd yn fwy tebygol o yswirio eu heiddo ac oherwydd y safon byw uchel yn yr ardaloedd hyn byddant yn llai tebygol o symud i ffwrdd **b**. Mae hyn yn golygu ei bod yn bwysig i'r llywodraeth fuddsoddi yn yr amddiffynfeydd môr hyn **c**.

(d) **Dyfarnwyd marc o 9/10**. **a** Dyma ymateb da oherwydd ei fod yn cyferbynnu ardaloedd lle mae'r safon byw yn wahanol iawn, gan drafod tri delta mewn ardaloedd â chyfoeth economaidd cyferbyniol. **b** Mae'r ateb yn cydnabod effeithiau gwahanol: economaidd, cymdeithasol ac amgylcheddol. **c** Mae'n defnyddio iaith daearyddiaeth yn dda. Byddai enwi rhai o'r lleoedd yn y gwledydd wedi gwella'r ateb. Serch hynny, ymateb gradd A yw hwn sy'n haeddu 9 marc.

(d) **Ni wnaeth Myfyriwr B ddechrau'n dda ond mae wedi cael marc o 22/25, sy'n berfformiad A.**

Cwestiwn 2 **Thema 2**

(a) Disgrifiwch effeithiau lleol gweithgaredd daeargrynfaol sydd i'w gweld yn Ffigur 2. (5 marc)

Yr Eglwys Gadeiriol yng nghanol tref L'Aquila

AFP/Getty

Pentref Onna

Getty Images

Ffigur 2 Effeithiau'r daeargryn yng nghanol yr Eidal, 6 Ebrill 2009

Mae'r cwestiwn hwn yn profi eich gallu i ddod o hyd i wybodaeth wrth edrych ar ffotograffau.

(b) **Trafodwch rai o'r effeithiau cymdeithasol sy'n ganlyniad i weithgaredd tectonig.** (10 marc)

ⓘ Nid yw'r cwestiwn yn disgwyl i chi drafod pob effaith gymdeithasol, ond dylech wneud yn siŵr eich bod yn canolbwyntio ar effeithiau cymdeithasol yn unig.

(b) **Amlinellwch ddwy strategaeth wahanol sy'n cael eu defnyddio i reoli peryglon tectonig.** (10 marc)

ⓘ Mae'n rhaid i'r ddwy strategaeth fod yn wahanol. Mae dwy strategaeth yn ymwneud ag un perygl yn dderbyniol, ond mae'r cwestiwn yn rhoi cyfle i chi ddefnyddio enghreifftiau o beryglon tectonig gwahanol.

Myfyriwr A

(a) Mae daeargrynfeydd yn achosi siocdonnau sy'n teithio trwy'r Ddaear ac yn achosi amrywiaeth o symudiad cramennol. Mae Ffigur 2 yn dangos prif ganlyniad y symudiad hwn: adeiladau'n dymchwel **a b**. Mae'r eglwys gadeiriol yn L'Aquila wedi dioddef difrod mawr, gyda'r to yn dymchwel a chraciau i lawr ochrau'r adeiladau, ond ychydig iawn o ddifrod sydd i'r cerflun gerllaw, mwy na thebyg oherwydd y defnydd o ddeunyddiau adeiladu gwahanol **b**. Mae pentref Onna wedi'i ddifrodi hyd yn oed yn fwy **a** – mae un adeilad wedi dymchwel bron yn llwyr, gan gladdu cerbydau a phobl, ac mae rwbel yn rhwystro'r llwybrau cludiant **b**. Mae llinellau ffôn ar y llawr ac mae ceblau trydan wedi'u difrodi **b**.

ⓘ **Dyfarnwyd marc o 5/5. a** Dyma enghraifft o sut i wneud defnydd ardderchog o ffotograffau'r adnodd. **b** Mae'r ateb yn disgrifio ac yn lleoli pum effaith. Bydd yn cael marciau llawn.

Myfyriwr B

(a) Mae Ffigur 2 yn dangos sut mae daeargryn yn gallu cael effaith ar ardal leol. Mae llawer o ddifrod **a**. Mae eglwysi cadeiriol yn denu llawer o ymwelwyr **a**. Mae daeargrynfeydd yn golygu y bydd llai o ymwelwyr yn ymweld â hi. Mae'r ail ffotograff yn dangos tai sydd wedi'u dinistrio **a**. Mae popeth wedi'i golli, sy'n cael effeithiau eraill **b**. Mae pobl wedi'u dadleoli. Mae car wedi'i gladdu o dan y rwbel ac mae'r person hwn wedi colli ei gludiant **a**.

ⓘ Dyfarnwyd marc o 3/5. **a** Mae'r ymateb hwn yn defnyddio'r ffotograffau mewn ffordd amhendant. **b** Nid yw'n gwneud y cysylltiad bob amser rhwng y dystiolaeth a'r datganiadau am yr effeithiau; nid yw'n defnyddio tystiolaeth i wneud pwyntiau clir chwaith. Bydd yr ymateb hwn yn ennill 3 marc yn unig.

Myfyriwr A

ⓘ Nid yw cynllun Myfyriwr A wedi'i argraffu yma. Mae'n syniad da ysgrifennu cynllun traethawd byr.

(b) Mae gweithgaredd tectonig yn creu dau brif berygl – echdoriadau folcanig a daeargrynfeydd – sy'n cael effeithiau cymdeithasol mawr ar raddfeydd amrywiol **a**. Maen nhw'n effeithio ar iechyd, addysg, cyflogaeth, cyflenwadau dŵr a bwyd, eiddo a bywoliaeth, ac yn cael effeithiau unigol ar straen emosiynol **a**. Er enghraifft, o ganlyniad i echdoriad Nevada del Ruiz yn

Colombia yn 1985, gorlifodd lahar dros dref Armero, gan gladdu'r dref o dan 6 m o laid a lladd 70% o'r boblogaeth – tua 20,000 o farwolaethau. Dinistriodd y rhan fwyaf o bethau a oedd yn ei ffordd gan gynnwys cartrefi, ysbytai, ysgolion, diwydiant a thir fferm – collodd rhai pobl bopeth ac roedd yn anodd i'r economi dalu am yr effeithiau tymor hir a'r effeithiau tymor byr fel lledaeniad clefydau a phrinder bwyd, lloches a chyflenwad dŵr diogel **c**. Cafodd y daeargryn ym México yn 1995 effeithiau cymdeithasol difrifol hefyd gan iddo ddinistrio ysbyty mwyaf México, Centro Medico, a methodd y wlad ei ailgodi gan iddi ddioddef $96 biliwn o ddyled dramor **c**. Roedd rhai pobl yn dadlau bod yr effeithiau tymor hir o ganlyniad i'r ddyled dramor yn waeth na'r miloedd o farwolaethau **b** a achosodd y daeargryn ei hun.

Yn dilyn y tsunami yn Asia yn 2004 roedd 900 o blant yn amddifad yn Sri Lanka a lladdwyd dros 220,000 o bobl ar draws ardal y Cefnfor Tawel **a b ch**. Cafodd effeithiau'r tsunami a achoswyd gan ddaeargryn 9.0 ar y raddfa Richter eu teimlo mor bell i ffwrdd â Somalia a Kenya. Roedd miliynau o bobl yn ddigartref heb unrhyw gyflenwadau argyfwng nac unrhyw ffordd o gael cymorth neu ddŵr glân, a lledaenodd clefydau a gludwyd gan ddŵr fel colera yn ogystal â diffyg maeth a newyn **c d**. Roedd lefelau uwch o iselder yn un o effeithiau cyffredin eraill y tsunami dinistriol.

ⓓ Dyfarnwyd marc o 7/10. **a** Mae'r ateb hwn yn dangos bod y myfyriwr yn gwybod am amrywiaeth eang o effeithiau. **b** Mae disgwyl i chi wybod y gwahaniaeth rhwng effeithiau demograffig ac effeithiau cymdeithasol, ac wrth drafod marwolaethau mae'r myfyriwr hwn yn dechrau trafod effeithiau demograffig pan nad oes angen gwneud mewn gwirionedd. Mae'n ennill rhai marciau am gynnwys elfennau demograffig o fewn yr effeithiau cymdeithasol. **c** Fodd bynnag, mae'n ennill mwy o farciau trwy gyfeirio at iechyd, yr effaith ar gyflwr meddyliol pobl a cholli cartrefi. **ch** Wrth drafod tsunami Asia, dylai'r myfyriwr fod wedi ysgrifennu Cefnfor India yn hytrach na'r Cefnfor Tawel. **d** Mae rhai brawddegau, fel y frawddeg olaf ond un yn y paragraff olaf, yn cyfuno gormod o syniadau mewn un frawddeg ac yn awgrymu bod y myfyriwr yn ceisio cadw at yr amser yn hytrach na meddwl am yr hyn mae'n ei ysgrifennu. Bydd yr ymateb yn ennill 7 marc, sy'n radd A.

Myfyriwr B

(b) Mae gweithgaredd tectonig yn gallu cael effeithiau cymdeithasol gwahanol ar gymdeithasau gwahanol. Unwaith y flwyddyn yn Japan mae'r bobl yn cymryd rhan mewn dril daeargryn er mwyn addysgu pobl ifanc am ddaeargrynfeydd a pharatoi pawb amdanynt. Mae Japan yn wlad MEDd ac mae'n gallu fforddio gwneud hyn. Mae'n golygu bod y wlad yn barod. Yn ogystal â phobl, mae adeiladau yn cael eu codi i wrthsefyll daeargrynfeydd. Mae hyn yn golygu bod daeargrynfeydd yn cael llai o effaith ar y gymdeithas. Fodd bynnag, mae rhai effeithiau yn cynnwys cau cysylltiadau cludiant; mae pobl yn gallu marw a chael eu hanafu. Mae Japan mewn perygl oherwydd effeithiau tymor byr **b c**.

Fodd bynnag, mae'r effeithiau cymdeithasol yn fwy mewn gwledydd LlEDd. Yn Haiti yn Ionawr 2010, cafodd 230,000 o bobl eu lladd ac fe gollodd llawer o bobl eu cartrefi. Roedd adeiladau wedi'u codi'n wael ac yn dymchwel yn hawdd. Dymchwelodd adeilad y llywodraeth. Cafodd y daeargryn ei reoli'n wael. Roedd y gwasanaethau brys yn araf yn ymateb a bu farw mwy o bobl oherwydd hyn **c**. Roedd y goroeswyr yn dibynnu ar gymorth rhyngwladol am fwyd a dŵr, ac nid oedd digon ohono; roedd pobl yn newynu a lledaenodd clefydau. Mae Haiti yn defnyddio cymorth i ailadeiladu'r wlad **a c**.

Mae pobl yn byw wrth ymyl llosgfynyddoedd oherwydd eu bod yn cynnig sawl mantais.

Mae amaethyddiaeth yn ffynnu yn y tir folcanig felly mae llawer o ffermwyr. Roedd llosgfynyddoedd fel Mount St Helens yn denu ymwelwyr. Roedd hyn yn cynnig swyddi i bobl leol **b**.

ⓓ Dyfarnwyd marc o 5/10. Dyma enghraifft o rywun yn ysgrifennu popeth mae'n ei wybod, o bosibl yn ateb cwestiwn a gwblhawyd ar gyfer gwaith cartref. **a** Mae'r ail baragraff, yn benodol, yn disgrifio digwyddiad yn hytrach na chanolbwyntio ar yr agweddau cymdeithasol. **b** Nid oedd angen cynnwys y paragraff ar weithgaredd folcanig sy'n canolbwyntio ar effeithiau economaidd (bydd y marciwr yn anwybyddu'r paragraff hwn). Mae'n trafod effeithiau economaidd yn y paragraff cyntaf. **c** Dylai'r effeithiau fod yn llai cyffredinol ac yn fwy penodol. Bydd yr ymateb hwn yn ennill sgôr lefel 2 o 5 marc (gradd C).

Myfyriwr A

(c) Yn y Pilipinas, ar ôl i Fynydd Pinatubo **a** ddechrau dangos arwyddion o weithgarwch ar ôl 600 mlynedd o fod yn llosgfynydd cwsg, aeth llawer o wyddonwyr o'r Pilipinas ac America yno i fonitro'r prosesau yn y llosgfynydd. Roedd y dystiolaeth hanesyddol yn dangos bod echdoriadau enfawr wedi digwydd yn y gorffennol ac roedd seismoleg, gwaith olrhain laser ac allyriadau nwy i gyd yn dangos bod echdoriad ar fin digwydd. Cafodd mapiau o'r peryglon eu llunio i ddangos yr ardaloedd mewn perygl mwyaf, ac fe symudwyd pobl yn yr ardaloedd hynny yn unol â'r adroddiadau monitro ar gyfer y llosgfynydd. Cafodd tua 70,000 o bobl eu dadleoli yn ystod y broses o symud pobl, ond pan echdorrodd y llosgfynydd yn ffyrnig yn 1991 gan ledaenu llifoedd pyroclastig ar draws 40,000 km^2 a chymylau lludw mor bell â Viet Nam, dim ond 800 o bobl a fu farw, yn bennaf oherwydd peryglon eilaidd fel lahar a chlefydau. Cafodd miloedd o fywydau eu hachub trwy symud pawb o'r pentrefi a'r trefi ar lethrau Pinatubo, ac oherwydd rhagfynegiad cywir a chyfathrebu da rhwng gwyddonwyr, y lluoedd arfog a swyddogion y llywodraeth a wnaeth ymateb yn gyflym ac yn effeithiol. **b**

Yn ystod echdoriad diwethaf Mynydd Etna **a** yn y 1990au roedd ymgais i reoli'r llifoedd lafa. Roedd pentrefi ymhellach i lawr y llethrau mewn perygl o gael eu dinistrio'n llwyr gan lif y lafa os nad oedd dim byd yn cael ei wneud. Aeth peirianwyr ati i lunio cynllun a oedd yn cynnwys defnyddio dynameit ffrwydrol i ailgyfeirio'r llif i gamlas wneud a dargyfeirio'r lafa oddi ar y cwrs a oedd yn arwain i'r pentrefi i ardal lle nad oedd neb yn byw. Roedd glannau caled y sianel lafa i gael eu torri gan ffrwydron fel bod y lafa yn gallu llifo i mewn i'r sianel newydd. Roedd y gwaith hwn yn gymharol lwyddiannus wrth i 30% o'r lafa gael ei ddargyfeirio ond cafodd rhywfaint o ddifrod ei wneud.

ⓓ **Dyfarnwyd marc o 9/10.** **a** Mae'r traethawd bach hwn yn trafod dwy astudiaeth achos o strategaethau i reoli echdoriadau folcanig. Mae'n drueni na wnaeth y myfyriwr ysgrifennu brawddeg fer i gyflwyno'r testun a brawddeg fer i grynhoi'r ddwy astudiaeth. **b** Byddai wedi bod yn bosibl cysylltu'r ddwy astudiaeth drwy ddefnyddio brawddeg fel 'Mae strategaeth arall yn cynnwys ymateb i lifoedd lafa.' Mae'r enghreifftiau'n ddigon da i'r myfyriwr ennill marc lefel 3. Mae safon yr iaith yn cyrraedd lefel 3 ac mae'r ateb yn ennill cyfanswm o 9 marc.

ⓓ **Mae Myfyriwr A wedi cael marc o 21/25, sy'n radd A dda iawn, trwy ateb y cwestiynau ac ategu ei ymatebion. Mae'n datblygu rhai enghreifftiau'n dda ac yn fanwl.**

Myfyriwr B

(a) Mae canolfan rhybuddio tsunami yn Hawaii. Pan fydd daeargryn yn digwydd wrth ffiniau plât y Cefnfor Tawel bydd yn cymryd rhai oriau i gyrraedd Hawaii **ch**. Mae'r tsunami sy'n dilyn yn cael ei fonitro wrth iddo symud tuag at yr ynysoedd **a**. Mae'r traethau yn cael eu clirio ac mae pobl yn cael eu symud i dir uwch os yw'r tsunami yn fygythiad **b**.

Yn Japan mae plant yn dysgu o oedran cynnar sut i ymdopi â daeargryn **a**. Mae'r wlad yn cynnal 'diwrnod daeargryn' blynyddol sy'n helpu pobl i baratoi ar gyfer daeargryn. Mae'r llywodraeth wedi symud allan o Tōkyō oherwydd bod yr ardal hon mewn perygl mawr o weithgaredd tectonig. Mae adeiladau'n cael eu codi i ymdopi â daeargrynfeydd fel rhai â phendiliau enfawr ar y tu mewn i wrthsefyll siglo. Mae gan bob teulu a chartref becyn argyfwng daeargryn. Mae hyn i gyd yn cael ei wneud i leihau niwed i'r economi, ac i leihau marwolaethau ac anafiadau **b c**.

(a) Dyfarnwyd marc o 5/10. **a** Mae'r ateb yn nodi dwy strategaeth yn unol â gofyniad y cwestiwn, ond **b** mae'r ddwy braidd yn fyr ac, **c** yn achos Japan, yn trafod grŵp o strategaethau yn hytrach nag un strategaeth a ddatblygwyd. Wrth drafod y tsunami, mae angen egluro sut mae'r system yn gweithio yn fanylach: y bwiau cofnodi, y seirenau a'r gweithdrefnau. **ch** Mae'r ymateb hwn yn dangos diffyg mynegiant, yn enwedig yn y dechrau pan mai tsunami, nid daeargryn, sy'n cyrraedd yr ynysoedd. Cofiwch ysgrifennu'n glir bob amser. Mae'n ateb lefel 2 o safbwynt cynnwys a safon yr iaith a byddai'n ennill 5 marc.

(a) **Mae Myfyriwr B yn cael marc o 13/25, sy'n radd C isel. Nid yw'r ateb yn cynnwys esboniadau manwl neu wybodaeth ategol glir. Mae safon yr iaith ysgrifenedig yn is na'r hyn y byddai arholwyr yn ei ddisgwyl.**

Sut i ateb cwestiwn 3(c)

I ateb cwestiwn 3(c) yn yr arholiad, bydd angen i chi ysgrifennu am **eich astudiaeth eich hun o destun ym maes daearyddiaeth ffisegol**. Bydd disgwyl i chi gasglu gwybodaeth, gwybod ffynonellau gwybodaeth, meddu ar sgiliau mapio ac arsylwi maes, dehongli gwybodaeth gan sylweddoli y gall fod yn unllygeidiog, a dod i gasgliadau ar sail y wybodaeth honno. Mae astudiaethau hydrolegol yn gyfle delfrydol i chi ddatblygu'r sgiliau hyn trwy ymarferiad maes yn ymwneud â newid hydrolegol. Dylech ddilyn dilyniant addas o ymholi ar gyfer y rhan hon o'ch astudiaeth o Amgylcheddau Ffisegol Newidiol.

🛈 Y ffordd orau o wella eich gradd yw canolbwyntio ar wella eich atebion i gwestiwn 3. Mae llawer o fyfyrwyr yn colli allan ar ennill gradd dda trwy roi llai o amser i gwestiwn 3 neu drwy beidio ag ateb rhannau o'r cwestiwn. Dyma beth peryglus i'w wneud. Er enghraifft, os ydych yn methu ateb cwestiwn 3(b) o gwbl, byddwch yn colli 8 marc posibl – a bydd hynny'n effeithio ar eich gradd derfynol.

Ymholiadau hydrolegol posibl

(1)　　Ymchwilio i ganfyddiad pobl o'r perygl o lifogydd mewn ardal.

(2)　　Ymchwilio i effeithiau llifogydd mewn ardal sydd wedi dioddef llifogydd yn ddiweddar.

(3)　　Astudio amrywiadau tymhorol mewn arllwysiad ar hyd darn o nant.

(4)　　I ba raddau mae afon X yn cydymffurfio â model Bradshaw?

(5)　　Ymchwilio i sut mae nodweddion afon yn newid i lawr yr afon.

(6)　　Sut mae'n bosibl rheoli llifogydd ar afon X o gwmpas tref X?

(7)　　Ymchwilio i'r newidynnau a fydd yn effeithio ar lifogydd ar afon X.

(8)　　Sut mae newidiadau mewn trawsbroffil yn amrywio i lawr yr afon?

(9)　　Beth yw effeithiau creu ffosydd neu sianeli ar nodweddion nentydd?

(10)　Archwilio'r system Rhybudd Llifogydd ar afon X.

Dilyniant yr ymholiad

(a) Cynllunio'r ymholiad

Mae cynllunio yn elfen bwysig o gynnal ymholiad ac mae'n rhan o gwestiynau'r arholiad. Mae'n ymwneud â'r broses gyfan o ddewis testun, darllen amdano a threfnu'r astudiaeth.

(1)　　Darllen am y testun mewn gwerslyfrau ac mewn erthyglau mewn cyfnodolion a chylchgronau fel *Geography Review*.

(2)　　Penderfynu ar destun sydd naill ai'n faes ymchwilio (e.e. agweddau at gynllun arfaethedig i amddiffyn yn erbyn llifogydd a phellter o'r afon) neu'n gwestiwn yr ydych eisiau ei ateb (e.e. a yw cyflymder dŵr yn cynyddu i lawr yr afon ar hyd darn 5 km o'r afon?).

(3) Cynllunio sut byddwch yn dod o hyd i'r wybodaeth a'r data o ffynonellau cynradd (e.e. gwaith maes a holiaduron) a ffynonellau eilaidd (e.e. mapiau risgiau llifogydd) er mwyn gallu ateb testun eich ymchwiliad. Paratoi'r taflenni casglu data perthnasol.

(4) Cynnal asesiad risg gyda'ch tiwtor. Cofiwch roi gwybod i bobl bob amser ble rydych chi'n mynd ac am faint o amser. Oes gennych chi'r cyfarpar priodol i gasglu data a sicrhau eich diogelwch eich hun? Oes gennych chi ganiatâd i fynd i'r lleoedd rydych chi eisiau eu hastudio?

(5) Mae gwaith grŵp yn bwysig ar gyfer sawl testun ym maes daearyddiaeth ffisegol. Mae'n gwbl briodol ymgymryd â phroject grŵp ar yr amod bod pob aelod yn gwybod beth mae'n ei wneud a pham. Dylai pob grŵp gynnwys rhwng 2 a 5 person yn ddelfrydol. Os oes mwy o bobl na hynny, mae'n bosibl y bydd rhai ohonynt yn gadael i chi wneud y gwaith drostynt.

(b) Cwblhau'r gwaith maes

(1) Mynd i'r lleoliadau maes a chofnodi unrhyw ddata ar eich taflenni casglu data.

(2) Bod yn ymwybodol o'r diffygion neu'r gwallau wrth gasglu data.

(3) Dychwelyd i gasglu rhagor o wybodaeth os oes angen.

(c) Prosesu'r wybodaeth

(1) Gwneud graff a map o'r data sy'n cael eu casglu. Deall beth mae'r wybodaeth a gasglwyd gennych yn ei ddweud am y testun neu'r cwestiwn yr ydych yn ei astudio yn y maes. Pa mor gywir oedd y data a gasglwyd?

(2) Gallu prosesu data mewn ffordd ystadegol. *Ni* fydd yr arholiad yn gofyn i chi am brosesu ystadegol, ond mae'n bosibl y bydd angen i chi wybod beth mae'r prosesau ystadegol yn ei ddangos.

(ch) Ysgrifennu 1,000 o eiriau am eich astudiaeth

(1) Trefnu'r wybodaeth a'r data mewn ffordd sy'n ateb eich cwestiwn.

(2) Dod i gasgliadau ar sail eich canlyniadau a'u hysgrifennu fel traethawd dilyniant o ymholi. Mae arholwyr wedi darganfod bod pobl sy'n methu cwblhau'r holl broses, gan gynnwys drafftio traethawd ar yr ymchwiliad a'i ganlyniadau, yn cael llai o farciau na'r rhai sy'n dilyn y cyngor hwn.

(d) Gwerthuso eich gwaith

(1) Gwerthuso pob cam o'ch ymchwiliad er mwyn ateb cwestiynau am ddilyniant o ymholi mewn arholiad.

(2) Gwerthuso eich tystiolaeth a'ch casgliadau mewn perthynas â'r hyn a gafodd ei ddarllen a'i ddysgu gennych ar y dechrau a'r hyn rydych wedi'i ddarganfod. Mae'n bosibl y bydd angen newid y testun neu'r cwestiwn a ofynnwyd fel bod eraill yn gallu deall y pwnc yn well yn y dyfodol.

Cwestiynau posibl yn ymwneud â'ch astudiaeth

Mae'r cwestiynau canlynol yn enghreifftiau sy'n berthnasol i'r dilyniant o ymholi uchod.

Cam (a)

- Amlinellwch sut aethoch ati i gynllunio eich astudiaeth o amgylchedd ffisegol newidiol.
- Amlinellwch y camau cynllunio ar gyfer ymchwiliad a wnaethoch i amgylchedd ffisegol newidiol.

Cam (b)

- Aseswch gywirdeb eich dulliau casglu data mewn ymchwiliad a wnaethoch i amgylchedd ffisegol newidiol.
- Pa ddulliau casglu data sy'n gallu cael eu defnyddio mewn ymchwiliad i amgylchedd ffisegol newidiol?

Cam (c)

- Trafodwch gryfderau a gwendidau'r dulliau o gyflwyno data a ddefnyddiwyd yn eich ymchwiliad i amgylchedd ffisegol newidiol.
- Archwiliwch fanteision cymharol y dulliau amrywiol a ddefnyddiwyd i bortreadu gwybodaeth yn eich astudiaeth o amgylchedd ffisegol newidiol.

Cam (ch)

- Trafodwch brif gasgliadau ymchwiliad a wnaethoch i amgylchedd ffisegol newidiol.
- Trafodwch y rhesymau pam mae casgliadau eich ymchwiliad i amgylchedd ffisegol newidiol yn cefnogi'r hyn a ddarllenwyd gennych wrth gynllunio'r astudiaeth.

Cam (d)

- I ba raddau mae'n bosibl gwella dilysrwydd casgliadau eich ymchwiliad i amgylchedd ffisegol newidiol?
- Trafodwch y pwysigrwydd o ddefnyddio dilyniant o ymholi wrth gynnal ymchwiliad i amgylchedd ffisegol newidiol.

Cwestiwn 3 **Ymchwil yn cynnwys gwaith maes**

(a) Disgrifiwch y newidiadau a ddeilliodd o'r tsunami yn 2004 yn yr ardal sy'n cael ei dangos yn Ffigur 3.

(7 marc)

13 Ionawr 2003

Space Imaging/Stormcentre

29 Rhagfyr 2004

Space Imaging/Stormcentre

Ffigur 3 Cyn ac ar ôl tsunami 26 Rhagfyr 2004, Khao Lak, Gwlad Thai

Mae'r cwestiwn hwn yn disgwyl i chi ddangos eich gallu i fonitro newid ar ffotograffau o'r awyr.

Daearyddiaeth UG CBAC

(b) **Archwiliwch werth ffotograffau a brasluniau maes wrth ymchwilio i amgylcheddau ffisegol newidiol.**

(8 marc)

Mae'r cwestiwn hwn yn dilyn yr un trywydd â'r cwestiwn agoriadol ac mae'n gofyn i chi ddangos eich gwybodaeth am werth ffotograffau a brasluniau. Mae'n disgwyl y bydd gennych enghreifftiau i gefnogi eich ateb. Mae'n cael ei ddefnyddio ar gyfer Myfyriwr A yn unig.

(b) **Amlinellwch sut gallech chi gasglu gwybodaeth am safbwyntiau pobl am gynllun atal llifogydd afon Adda.**

(8 marc)

Mae'r cwestiwn hwn, a ddefnyddiwyd ar gyfer Myfyriwr B, yn dod o bapur arholiad gwahanol. Mae'n gwestiwn am sut i gasglu data – cam (b) o'r dilyniant o ymholi ar dudalen 79.

Mae dwy enghraifft o gwestiwn (b) yma, ond dim ond un cwestiwn rhan (b) bydd rhaid i chi ei ateb yn yr arholiad.

(c) **Trafodwch gryfderau a gwendidau'r dulliau cyflwyno data y gwnaethoch chi eu defnyddio yn eich ymchwiliad chi i amgylchedd ffisegol newidiol.**

(10 marc)

Dylech nodi cwestiwn eich ymchwiliad yn glir. Cwestiwn am gyflwyno data yw hwn a'r cryfderau a'r gwendidau y gwnaethoch eu darganfod wrth ysgrifennu am eich ymchwiliad.

Myfyriwr A

(a) Mae Ffigur 3 yn dangos bod llai o lystyfiant yn yr ardal oherwydd y tsunami **a**. Mae sianel yr afon yn fwy llydan nag o'r blaen hefyd oherwydd y dylifiad mawr o ddŵr **a**. O ganlyniad i'r tsunami, mae cartrefi wedi'u dinistrio yn ogystal â'r traeth **a**. Mae'r ffotograff ar ôl y tsunami **b** yn dangos erydiad mawr o'r traeth gan nad yw yno bellach **a**.

Mae'r ffotograff ar ôl y tsunami yn dangos llawer o ddyddodiad wrth aber yr afon **b**. Mae ynys fechan wedi'i ffurfio hefyd lle mae'r afon wedi gwahanu darn o dir oddi wrth y tir mawr **a**. Mae hefyd yn dangos bod cyfoeth cyffredinol yr ardal wedi dirywio oherwydd y tsunami **c**. Mae'r tir wedi'i orchuddio â llaid a malurion nawr. Mae'r ffigur yn dangos rhywfaint o lifogydd o ganlyniad i'r tsunami yn 2004 **b**.

*Dyfarnwyd marc o 6/7. **a** Mae'r ateb yn cyfeirio at sawl newid **b** yn seiliedig ar dystiolaeth o'r ddau ffotograff. Byddai wedi cael marc yn fwy trwy nodi ble yn union ar y ffotograffau mae'n bosibl gweld y dystiolaeth. Roedd angen ategu'r datganiad am gyfoeth. Serch hynny, mae'n ymateb gradd A sy'n ennill 6 marc.*

Myfyriwr B

(a) Y newid amlycaf yn Ffigur 3 yw'r ffaith fod y traeth tywodlyd llydan a oedd yn denu ymwelwyr wedi suddo'n gyfan gwbl oherwydd y tsunami **a**.

Mae'r rhan fwyaf o'r ardaloedd preswyl wedi'u dinistrio **a**. Mae llai na hanner yr adeiladau yn dal i sefyll ond nid yw'n bosibl gweld pa fath o olwg sydd arnynt.

Mae'n amlwg bod niwed enfawr wedi'i wneud **a** i'r economi gan fod y gwestai mawr, yr ardaloedd preswyl a'r traeth wedi dioddef difrod difrifol a fydd yn taro'r diwydiant ymwelwyr yn galed **b**.

Yn amgylcheddol, mae llawer iawn o ddatgoedwigo **a** wedi'i achosi gan y tsunami. Mae'n amlwg bod y don wedi codi dros ddwy ran o dair o'r llystyfiant o'i wreiddiau **b**.

Mae hyn wedi gadael ardaloedd mawr o bridd yn agored a heb wreiddiau llystyfiant a bydd y pridd yn siŵr o gael ei erydu'n ddifrifol **b**.

Mae'r môr yn llawer mwy llwyd yn y ffotograff a dynnwyd yn 2004. Mae hyn yn awgrymu bod llawer o waddodion yn y dŵr a fydd yn gorfod cael eu dyddodi yn rhywle.

ⓓ **Dyfarnwyd marc o 4/7**. **a** Prif thema llawer o'r ymateb hwn yw difrod ac o ganlyniad nid yw'r newidiadau yn ganolog i'r ateb. **b** Gallai'r myfyriwr fod wedi rhoi mwy o fanylion drwy gyfeirio at yr ardaloedd yn y ffotograffau mae'n eu trafod yn hytrach na disgwyl i'r arholwr wybod hynny. Mae'r paragraffau byr yn amharu ar lif yr ateb. Mae'n ymateb lefel 2 a bydd yn ennill 4 marc.

Myfyriwr A

(b) Mae ffotograffau a brasluniau maes yn werthfawr iawn mewn ymchwiliad **a**. Mae brasluniau a ffotograffau yn gallu dangos esboniadau sy'n anodd i'w mynegi mewn geiriau **b**. Mae'n bosibl cymharu un ffotograff yn erbyn y llall **c**. Gall hyn ddangos unrhyw newidiadau rydych yn chwilio amdanynt yn hawdd. Mae hyn yn golygu bod ffotograffau a brasluniau yn werthfawr iawn oherwydd eu bod yn helpu gyda phrif ragdybiaeth ac is-ragdybiaeth **ch**.

Mae ffotograffau a brasluniau yn werthfawr iawn oherwydd eu bod yn helpu i gefnogi unrhyw gasgliadau ac felly'n cynyddu dilysrwydd a dibynadwyedd casgliadau **d**. Mae hyn yn gwneud ffotograffau hyd yn oed yn fwy gwerthfawr oherwydd mae'n rhaid i ddata sy'n cael eu casglu fod yn gywir a dibynadwy er mwyn ateb y rhagdybiaeth mewn ffordd ddilys a chywir.

Mae ffotograffau a brasluniau maes yn werthfawr oherwydd mae'n bosibl eu dadansoddi yn ddiweddarach, sy'n lleihau'r perygl o golli cyfle i gynnwys data neu gofnodion. Maen nhw hefyd yn werthfawr oherwydd eu bod yn dangos newidiadau, sef holl ddiben yr ymchwiliad **c**. Maen nhw hefyd yn hawdd i'w dehongli a'u deall oherwydd eu bod yn dangos yn glir beth mae rhywun yn ceisio ei ddisgrifio neu ei egluro **d**.

ⓓ **Dyfarnwyd marc o 4/8**. **a** Mae'r frawddeg gyntaf yn osodiad afrealistig. **b** Nid oes tystiolaeth i gefnogi'r ail frawddeg ac mae braidd yn ddi-sail. **c** Mae'r pwynt sy'n trafod newidiadau, sy'n dilyn yr ymateb i ran (a), yn ddilys, ond byddai enghraifft o'r newidiadau sy'n cael eu dangos yn y ffotograffau wedi gwella'r pwynt hwn. **ch** Nid yw brawddeg olaf y paragraff cyntaf yn dweud llawer mewn gwirionedd. **d** Dylai'r ateb gyfeirio at y defnydd o ffotograffau a brasluniau yn hytrach na'u trafod yn ddamcaniaethol. Nid yw'r ateb yn cyfeirio at frasluniau maes – ail ran y cwestiwn – ac oherwydd hynny nid yw'n gallu ennill mwy na hanner y marciau.

Myfyriwr B

(b) Er mwyn casglu gwybodaeth am safbwyntiau pobl ar y cynllun, mae angen llunio holiadur i ddechrau **b**. Byddai hyn yn ei gwneud hi'n hawdd cymharu safbwyntiau pawb oherwydd byddai'n bosibl cymharu'r atebion i gwestiynau penodol. Byddai'n gosod trefn ar safbwyntiau pobl a'i gwneud hi'n haws gweithio gyda'r canlyniadau. Cwestiynau posibl yw 'A ydych chi'n credu bod y cynllun atal llifogydd yn effeithiol?' **ch** neu 'Oes gennych chi unrhyw syniadau i'w wella?' **ch** Mae defnyddio cwestiynau yn arwain pobl fel eu bod yn gwybod beth i'w ddweud.

Mae hefyd yn bwysig defnyddio dull sampl haenedig i gasglu'r data **a**. Byddai'n cymryd gormod o amser i roi cwestiynau i bawb sy'n byw yn y dref. Mae sampl haenedig yn golygu holi nifer penodol o bobl o wahanol oedran a rhyw fel bod y canlyniadau'n dangos safbwyntiau'r boblogaeth gyfan **a**. Ni fyddai hapsampl yn effeithiol; er enghraifft, efallai y byddai mwy o ddynion oed 50+ yn cael eu gofyn i lenwi'r holiadur na grwpiau oedran eraill a merched a byddai'r canlyniadau yn annheg **a c**.

ⓐ Dyfarnwyd marc o 6/8. Mae'r ateb hwn yn anhrefnus oherwydd **a** dylai'r dulliau samplu fod wedi'u gosod cyn **b** natur yr holiadur. **c** Nid yw'r myfyriwr yn awgrymu bod angen fersiwn peilot o'r holiadur. **ch** Mae'r ddau gwestiwn sy'n cael eu hawgrymu yn ddilys ond dylent fod yn fwy manwl. Un opsiwn posibl oedd rhestr o resymau a bocsys i'w ticio. Bydd yr ateb hwn yn ennill 6 marc oherwydd mae'n cynnwys cwestiynau dilys posibl a chyfeiriad at samplu.

Myfyriwr A

(c) Rhagdybiaeth fy ymchwiliad oedd 'A yw arllwysiad o afon X yn newid o'r tarddiad i'r aber?' **a**

Defnyddiais daflenni cofnodi a thablau canlyniadau cyntaf i gyflwyno'r data. Mae hwn yn ddull da o gyflwyno data sy'n cael eu defnyddio mewn ymchwiliad oherwydd mae'n dangos yr holl ddata crai sy'n cael eu casglu ac felly'n ddull manwl. Fodd bynnag, nid yw taflenni cofnodi yn dda oherwydd eu bod yn anodd i'w dehongli ac nid yw'n hawdd nodi'r tueddiadau **d**.

Defnyddiais graffiau bar i ddangos arllwysiad **b**. Mae'r dull hwn yn dda oherwydd mae'n hawdd llunio siartiau bar. Maen nhw'n hawdd i'w deall ac yn dangos tueddiadau yn effeithiol. Fodd bynnag, maen nhw'n ei gwneud hi'n anodd nodi cyfraddau newid. Ond maen nhw'n hawdd i'w cymharu.

Mae graffiau llinell yn cael eu defnyddio i arddangos data hefyd. Roedd hwn yn ddull da oherwydd eu bod yn hawdd i'w llunio, yn hawdd i'w deall ac yn hawdd i'w cymharu. Cryfder arall yw'r ffaith eu bod yn dangos tueddiadau yn glir. Y prif gryfder yw'r ffaith eu bod yn dangos cyfraddau newid, sy'n ddefnyddiol iawn. **c**

Defnyddiais ddiagramau trawstoriadol i ddangos dyfnder a lled yr afon. Dyma ddull da o arddangos data oherwydd eu bod yn hawdd i'w llunio a'u cymharu. Fodd bynnag, nid ydynt yn dda oherwydd nad ydynt yn dangos y lled a'r dyfnder yn fanwl gywir. Nid oedd gwely'r afon yn wastad ac felly mae'n anodd lluniadu ei siâp yn fanwl gywir.

Roedd tabl y canlyniadau terfynol yn ffordd dda o arddangos data oherwydd ei fod yn dangos y data roeddem eisiau eu casglu. Dangosodd gyfartaledd ym mhob safle yr ymchwiliais iddo ac roedd hi'n eithaf hawdd i'w gymharu â safleoedd eraill. Fodd bynnag, roedd yn dangos y cyfartaledd ac nid y data crai, sy'n golygu ei fod yn amcangyfrif. **ch**

(d) Dyfarnwyd marc o 5/10. **a** Mae pwnc yr ymchwiliad wedi'i nodi'n glir. **b** Mae'r myfyriwr yn cyfeirio at graffiau bar, graffiau llinell, trawstoriadau a thabl canlyniadau heb eu cysylltu'n ddigonol â'r astudiaeth ei hun. Pa ddata gafodd eu harddangos gan y graff llinell? **c** Mae'r pwyslais yn aml ar ba mor hawdd yw creu'r lluniadau yn hytrach na'u defnyddio i egluro newidiadau yn yr afon o'r tarddiad i'r aber. **ch** Mae cyfeiriad tebyg at ba mor hawdd yw dehongli'r data, ond nid yw'r darllenydd yn gwybod beth oedd yn cael ei ddehongli gan nad yw'r myfyriwr yn nodi cynnwys y graffiau. O ganlyniad, mae'r cryfderau'n ailadroddus. **d** Ychydig iawn o ystyriaeth sy'n cael ei rhoi i'r gwendidau ac eithrio wrth drafod y tablau (nid ydym yn gwybod beth oedd cynnwys y tablau). Mae'r traethawd yn cyrraedd lefel 2 ac yn ennill 5 marc.

(d) **Mae Myfyriwr A wedi ennill 15 marc, sy'n ddigon i ennill gradd C. Roedd y perfformiad yn amrywio ac roedd angen canolbwyntio mwy ar y cwestiynau a darparu tystiolaeth o'r byd go iawn.**

Myfyriwr B

(c) Ymchwiliais i 'Sut mae'r dulliau rheoli llifogydd a ddefnyddiwyd o gwmpas llednant afon X (enw'r afon) yn X (enw'r sir) yn cael eu dylanwadu gan ddefnydd tir.' **a**

Y ffordd fwyaf effeithiol o gyflwyno'r data a gasglwyd gennyf oedd llunio map SGD defnydd tir. Roedd y dull hwn yn effeithiol iawn oherwydd ei fod yn weladwy ac yn portreadu'r tair set o ddata gwahanol yn glir **b**. Roedd y map sylfaenol yn dangos lleoliad yr afon ac yn defnyddio saethau llif cymesur i ddangos arllwysiad yr afon yn glir ac yn weledol mewn chwe lleoliad gwahanol **c**. Roedd lluniau o bob math o ddefnydd tir wedi'u harosod ar hwn gyda siartiau bar cyfagos i ddangos cyfrif o bobl. Roedd hwn yn ddull effeithiol o ddangos darnau lluosog o ddata **c**, ond gan ei fod wedi'i greu â llaw ar raddfa gymharol fach nid oedd yn fanwl gywir bob tro, yn enwedig wrth greu saethau llif cymesur **c**.

Dull arall o gyflwyno data oedd defnyddio graffiau radar. Roedd hyn yn dangos y data a gasglwyd yn bersonol yn ôl fy safbwynt ar estheteg, cryfder, defnydd o ddeunyddiau, ac ati y technegau rheoli **c**. Unwaith eto, roedd y rhain yn weledol sy'n dda oherwydd roedd yn bosibl gweld yn syth pa ddulliau oedd yn llwyddo a pha rai oedd yn methu **ch**. Fodd bynnag, byddai rhywbeth fel graff llinell yn ddull mwy effeithiol o ddangos yr holl ddata ar yr un pryd, gan ei gwneud hi'n haws cymharu'r data yn uniongyrchol **ch**.

Cafodd tablau eu defnyddio i gyflwyno data hefyd **b** ac, er eu bod yn cynnwys yr holl ddata angenrheidiol, nid ydynt yn weledol ac mae'n anodd eu defnyddio i dynnu cymariaethau uniongyrchol. Fodd bynnag, mae'n bosibl eu defnyddio i gyfrifo cymedrau a chyfartaleddau.

(d) Dyfarnwyd marc o 7/10. **a** Mae'r teitl wedi'i nodi. **b** Mae'r astudiaeth yn un ddilys er bod union natur y data yn aneglur. **c** Mae dulliau cyflwyno amrywiol yn cael eu trafod a'u gwerthuso mewn ffordd gyffredinol. **ch** Mae'r gwaith yn cynnwys elfen o werthuso. Er mwyn cael mwy o farciau, dylech geisio osgoi ailadrodd yr un ymadrodd neu'r un rheswm dros ddefnyddio techneg benodol. Byddai'r ymateb hwn yn ennill 7 marc.

(d) **Mae marciau Myfyriwr B yn gyfuniad o farciau dau fyfyriwr. Cyfanswm y marciau yw 17/25, sy'n radd B.**

Atebion gwirio gwybodaeth

1 Mae bïom yn gymuned o blanhigion ac anifeiliaid oddi mewn i amgylchedd fel y twndra neu laswelltiroedd safana. Mae biomau'n ecosystemau mawr.

2 Màs o aer yn osgiliadu mewn cylch yn ôl ac ymlaen ar draws y Cefnfor Tawel yn y trofannau a'r istrofannau yw'r gell Walker. Yn 1969 nododd Bjerknes fod gwyntoedd cyson ar draws ardaloedd trofannol y Cefnfor Tawel yn llifo o'r dwyrain i'r gorllewin. Er mwyn cwblhau'r cylch, mae aer yn codi uwchben gorllewin y Cefnfor Tawel ac yn llifo yn ôl i'r dwyrain ar uchder uchel, cyn disgyn dros ddwyrain y Cefnfor Tawel. Cyfeiriodd ato fel y cylchrediad Walker, a sefydlodd gysylltiad rhyngddo â newidiadau cefnforol El Niño a La Niña.

3 Thermoclein yw'r ffin rhwng haen fas, gynnes, uchel a haen ddofn, oer o'r cefnfor.

4 Mae carbon deuocsid yn cynyddu ond mae'n amrywio'n fyd-eang. Mae methan yn cynyddu hefyd ac mae potensial cynhesu byd-eang y nwy hwn 21 gwaith yn fwy na photensial carbon deuocsid. Nid yw ocsidau nitrogen yn gyfran fawr o'r nwyon ond maen nhw'n gallu cyfrannu mwy at gynhesu byd-eang. CFCau (sydd wedi difrodi'r haen oson yn uwch yn yr atmosffer hefyd).

5 Mae'r newidiadau tymor hir yn cael eu hachosi gan ddylanwadau naturiol fel amrywiad mewn pelydriad heulog ac effeithiau'r cylchoedd Milankovitch. Mae newidiadau tymor byr yn cael eu hachosi gan echdoriadau folcanig (pylu byd-eang) ac, yn ystod y degawdau diwethaf, gan weithgarwch dynol yn cynyddu cyfran y nwyon tŷ gwydr yn yr atmosffer.

6 Mae'r cyfaint o iâ wedi gostwng bron 10 biliwn o fetrau ciwbig mewn 24 blynedd. Mae'r gostyngiad yng nghyfaint y rhewlifoedd wedi bod yn gymharol gyson, ac eithrio cynnydd bach tua diwedd yr 1980au.

7 Newid ewstatig yw'r newid yng nghyfaint y dŵr yn y môr tra bod newid isostatig yn ymwneud â'r tir yn symud i fyny neu i lawr. Mae'r ddau yn effeithio ar lefel y môr mewn perthynas â'r tir.

8 Mae grymoedd naturiol yn ymwneud â newidiadau yn y tymheredd byd-eang oherwydd prosesau naturiol, tra bod grymoedd dynol (anthropogenig) yn ymwneud â newidiadau sy'n ganlyniad i weithgarwch dynol, yn enwedig dros y ddwy ganrif ddiwethaf.

9 Mae adborth positif yn digwydd mewn system agored pan fydd newid i un o'r newidynnau yn creu effaith pelen eira, tra bod adborth negatif yn digwydd pan fydd y system yn addasu i wrthsefyll effaith y newid cychwynnol.

10 El Niño yw'r broses lle mae dwyrain y Cefnfor Tawel yn cynhesu wrth i ddŵr cynnes gael ei drosglwyddo o orllewin y Cefnfor Tawel, sy'n newid nodweddion yr hinsawdd ac ecosystem y cefnfor ym Mheriw ac ar forlin Periw. La Niña yw'r hinsawdd gyferbyniol ar gyfer dwyrain y Cefnfor Tawel pan fydd dŵr cynnes yn cael ei wthio tua'r gorllewin, gan newid amodau'r hinsawdd yn Indonesia ac Awstralia.

11 Suddfan yw ardal sydd â'r gallu i amsugno llawer iawn o garbon deuocsid, fel coedwigoedd byd-eang mawr. Mae rhai rhannau o gefnforoedd dwfn yn suddfannau carbon hefyd.

12 Disodli tanwydd ffosil gan fiomas. Mae egni adnewyddadwy yn gallu cynnwys paneli solar ar doeau cartrefi. Mae mesurau arbed egni posibl yn cynnwys ynysiad wal geudod neu beiriannau ceir mwy effeithlon. Polisïau cludiant fel yr un yn København lle mae 60% o'r boblogaeth yn defnyddio beic i gymudo. Mae cynlluniau amrywiol y llywodraeth yn hyrwyddo coedwigaeth hefyd.

13 Mae grwpiau diddordeb yn dod â phobl gyda safbwyntiau tebyg at ei gilydd i greu carfan bwyso os yw eu diddordeb penodol yn cael ei fygwth. Byddai gwylwyr adar yn rhannu diddordeb ac yn troi'n garfan bwyso pe bai adeiladu ffordd drwy wlyptir arbennig yn cael ei gynllunio.

14 Cyflwynwyd y Fargen Werdd yn 2010 gan lywodraeth y DU er mwyn galluogi cwmnïau preifat i gynnig cyfleoedd i ddefnyddwyr wella effeithlonrwydd egni eu cartrefi a chyfleusterau cymunedol. Bydd y taliadau'n cael eu gwneud trwy'r biliau egni.

15 Astudiwch Ffigur 19 i wirio eich ateb. Dylech hefyd wybod beth yw natur y ffin lle mae dau blât sy'n cael eu henwi yn cyfarfod – er enghraifft, mae'r ffin rhwng plât Nazca a phlât De America yn ddistrywiol.

16 Adeiladol: lle mae platiau'n symud oddi wrth ei gilydd, e.e. cefnen ganol Cefnfor Iwerydd. Distrywiol: lle mae platiau'n symud tuag at ei gilydd, e.e. oddi ar orllewin Sumatra. Ceidwadol: lle mae platiau'n llithro heibio ei gilydd, e.e. Ffawt San Andreas.

17 Mae'n fàs poeth iawn o lafa, lludw, dŵr a nwyon sy'n llifo'n gyflym i lawr agorfa ffrwydrol ar ffurf llif pyroclastig. Mae'r deunydd hwn yn cael ei fwrw allan gan echdoriad folcanig sy'n beryglus iawn i bobl.

18 Eira ac iâ yn ymdoddi dros agorfa sy'n arwain at fflachlifoedd yw Jokalaup. Bydd y topograffi yn llywio llwybr y dŵr.

19 Nid yw systemau caeedig yn mewnforio neu'n allforio deunyddiau neu egni ar draws ffin y system, e.e. y cylch hydrolegol, tra bod mewnforion ac allforion yn digwydd ar draws y ffin mewn system agored fel bod y system yn gallu parhau, e.e. mewn dalgylch afon.

20 Mae ymdreiddiad yn digwydd pan fydd dŵr yn symud o'r ddaear i mewn i'r pridd. Mae trylifiad yn digwydd pan fydd dŵr yn symud i lawr yn y pridd a'r creigiau o dan wasgedd disgyrchiant. Trwylif yw'r symudiad o dan yr arwyneb mewn cyfeiriad tuag i lawr, yn enwedig dros greigiau anathraidd tuag at darddellau.

21 Mae llif parhaol yn cael ei fwydo gan gyflenwad cyson o ddŵr daear. Mae llif ysbeidiol yn digwydd pan fydd y llif yn amrywio oherwydd newidiadau yn y lefelau o ddŵr glaw neu ddŵr daear, fel sy'n digwydd mewn llawer o nentydd sialc sy'n llifo yn y gaeaf neu ar ôl cyfnodau o law cyson a thrwm ond nid mor aml ym misoedd yr haf. Mae llif dros dro yn digwydd yn ystod ac ar ôl storm law ond yn para ychydig o oriau neu ddiwrnodau yn unig; mae nentydd o'r fath i'w cael fel arfer mewn ardaloedd mwy cras.

22 Y broses lle mae llystyfiant ac adeiladau yn atal dyodiad rhag cyrraedd y ddaear. Mae'r dŵr yn cael ei storio ac yn disgyn i'r llawr trwy lif coesynnau a diferiad neu mae'n cael ei gludo i'r draeniau, gan newid patrwm y llifoedd.

23 Mae'n hydrograff sy'n dangos llif dŵr cyflym neu godiad dŵr sylweddol cyn cyrraedd brig uchel am gyfnod byr a gostwng yn eithaf cyflym.

24 Mae hyn yn digwydd os yw'r glawiad yn parhau am gyfnod hir a'r lefel trwythiad yn codi i'r arwyneb gan achosi llif trostir. Glaw eithafol dros gyfnod maith yn Ardal y Llynnoedd oedd yn gyfrifol am lifogydd Cockermouth yn 2009.

25 Mae peirianneg feddal yn gweithio gyda'r prosesau naturiol er budd ardal benodol a'i phobl, er enghraifft, trwy ganiatáu llifogydd wedi'u rheoli. Mae peirianneg galed yn ceisio rheoli'r prosesau drwy newid sianel y llif yn ffisegol – er enghraifft, trwy ledu, sianelu a dargyfeirio.

Mae'r rhifau tudalen mewn **print trwm**
yn cyfeirio at **ddiffiniadau o dermau**
allweddol